Am Sabbat geht Moische zum Rebbe

Salcia Landmann (1911–2002) stammt aus einer jüdischen Familie in Galizien und war Schriftstellerin und Journalistin. Sie überlebte den Holocaust in der Schweiz.

Dr. Rainer Moritz, Autor und Literaturkritiker, leitet das Literaturhaus Hamburg.

Peter Gaymann ist Zeichner und Cartoonist. Seine humorvollen Cartoons zeigen augenzwinkernd allzu menschliche Schwächen und Stärken des täglichen Lebens auf.

Salcia Landmann

Am Sabbat geht Moische zum Rebbe

Die besten jüdischen Witze

Ausgewählt und herausgegeben von Rainer Moritz
Mit Cartoons von Peter Gaymann

Patmos Verlag

SAPHIR definierte einmal den Ursprung des jüdischen Witzes wie folgt: »Die Juden haben zum Witz gegriffen, weil das jener Waffendienst ist, bei dem sie es mit der Zeit zum Offizier bringen können, bevor ein Armeebefehl den Taufschein und nicht das Verdienst in Betracht zieht.«

MOSCHKO sitzt in der Bahn und fährt sich dauernd mit der Hand übers Gesicht, als ob er eine Fliege verscheuche.
»Was machen Sie da?«, fragt sein Visavis verwundert.
»Ich erzähle mir Witze«, erklärt Moschko, »und sooft ich merke, dass ich den Witz schon kenne, winke ich mir ab.«

»**WARUM** hat Kain Abel erschlagen?«
»Weil Abel ihm alte jüdische Witze erzählt hat.«

Inhalt

Auslegungsfragen, Alltagsfragen

NEW YORK. *In einer Herrentoilette verrichten zwei ältere Juden nebeneinander ihre Notdurft, wobei der eine das Hosenbein des andern durchnässt und sich erschrocken entschuldigt.*

Dieser strahlt ihn an: »Aus Przemysl?«

»Ja – woher wissen Sie?«

»Nu – der dortige Mohejl [Beschneider] schnitt immer so schief.«

DEFEKT
P. GAY

DER Rabbi erzählt: »Eines Tages fand ein armer Holzhacker einen Säugling im Walde. Wie sollte er ihn ernähren? Er betete zu Gott, und da geschah ein Wunder: Dem Holzhacker wuchsen Brüste, und er konnte das Kind säugen.«
»Rabbi«, wendet ein Jünger ein, »die Geschichte gefällt mir nicht. Wozu so eine ausgefallene Sache wie Frauenbrüste bei einem Mann? Gott ist allmächtig. Er konnte einen Beutel Gold neben das Kind legen, dann hätte der Holzhacker einfach eine Amme gedingt.« Der Rabbi: »Falsch, ganz falsch! Warum soll Gott ausgeben bar Geld, wenn er kann auskommen mit einem Wunder?«

DER Prophet Moses stotterte bekanntlich. Das hatte für das Volk Israel üble Folgen bis auf den heutigen Tag. Als Gott ihn nämlich fragte, welches Land er haben möchte, wollte er antworten: »Californien.« Er begann: »Ca-Ca-Ca …«
Der liebe Gott, verwundert: »Kanaan? Dieses jämmerliche kahle kleine Gebiet? Aber wenn du unbedingt willst, Moses, kannst du es natürlich haben!«

IM Schaufenster liegt eine Uhr. Ein Kunde betritt das Geschäft und fragt den Ladenbesitzer, einen bärtigen Juden, nach dem Preis.
»Ich verkauf' keine Uhren«, erklärt der Jude.
»Ja, aber im Schaufenster ist doch eine Uhr!«
»Gewiss. Das ist so: Ich bin Beschneider *[die Beschnei-*

dung ist ein jüdisches Grundgebot] der Kultusgemeinde. Was, glaubt der Herr, soll ich denn ins Schaufenster hängen?«

DREI chassidische Juden, Anhänger dreier verschiedener Rabbis, sitzen in der Bahn.
Erster Chassid: »Letzthin gab Toscanini bei uns ein Konzert. Kurz vor Beginn trat einer auf ihn zu und flüsterte ihm ins Ohr: ›Stellen Sie sich die Ehre vor, der Rebbe wird kommen!‹ Da senkte Toscanini den bereits erhobenen Taktstock und sagte: ›Solange der Rebbe nicht da ist, kann ich nicht anfangen‹ …«
Zweiter Chassid: »Das ist noch nichts. Unser Rebbe war in London, als gerade die Königin gekrönt werden sollte. Alles war schon versammelt. Links stand der Erzbischof mit der Krone in der Hand, rechts der englische Adel – der Erzbischof krönte und krönte nicht! Als man ihn schließlich fragte: ›Nu – was ist?‹, sagte er: ›Ich warte, bis der Rebbe kommt. Solange der Rebbe nicht da ist, kann ich nicht krönen‹ …«
Der dritte Chassid: »Das ist ja alles gar nichts! Letzthin war unser Rebbe in Rom. Er promenierte mit dem Papst zusammen über den Petersplatz. Da kam König Victor Emmanuel aus der Peterskirche heraus, verneigte sich tief vor unserm Rebben und flüsterte seinem Adjutanten zu: ›Sog amol, wer is der Galach *[Pfarrer]*, wos geht neben dem Rebben?‹ …«

EIN jüdischer Anarchist war im alten Russland zum Tode verurteilt worden. Der Rabbiner trat zu ihm und sagte: »Ich komme, Ihnen das Wort Gottes zu verkünden.«
»Wozu brauche ich da *Sie* ?«, fragte der Delinquent, »in einer halben Stunde rede ich mit Ihrem Herrn Chef persönlich.«

EIN Jude kommt in die Nachbargemeinde zum Reformrabbi: »Rabbi, ich hab' einen Zwist mit Gott!«
»Warum geht Ihr nicht zu Eurem eigenen Rabbi?«
»Der ist gottesfürchtig und wird nicht objektiv urteilen.«

ARMER Hausierer: »Rabbi, gibt es ein Mittel, bissige Hunde zu beschwichtigen?«
Rabbi: »Es gibt. Der Midrasch *[die rabbinische Lehre]* empfiehlt, wenn man von Hunden überfallen wird, soll man sich auf die Erde setzen.«
Zwei Wochen später steht der Hausierer wieder vor dem Rabbi – zerbissen und mit zerfetzten Kleidern.
»Rabbi, der Midrasch hat Unrecht.«
Der Rabbi: »Der Midrasch hat immer Recht. Aber vermutlich haben die Hunde von der Midrasch-Stelle nie etwas gehört.«

»**HERR** Wasserfleck, waren Sie schon auf dem Ozean?«
»Nein, wissen Sie, da ist man allzu sehr in Gottes Hand.«

DAS Schiff beginnt zu sinken. Alle Passagiere beten. Auch Isidor Goldberger erhebt in der Not seine Stimme. Ein Jude, der ihn kennt, schüttelt ihn entsetzt an der Schulter und flüstert ihm zu:
»Sei sofort still! Wenn Gott erfährt, dass du auf dem Schiff bist, dann sind wir auf der Stelle alle verloren!«

EINJÄHRIGER Katz: »Ich bitte um Urlaub, Herr Feldwebel.«
Feldwebel: »Grund?«
Katz: »Immatrikulation.«
Feldwebel: »Immer diese verfluchten jüdischen Feiertage!«

»**GRÜN,** ich bin in einer momentanen Verlegenheit. Kannst du mir aushelfen mit zehntausend Schilling?«
»Dir gesagt, lieber Blau, ich kann.«
»Was nimmst du Perzente?«
»Neun.«
»Neun! Bist du meschugge? Wie kannst du nehmen von einem Glaubensgenossen neun Perzente! Was soll Gott denken von dir, wenn er schaut von oben herunter?«
»Nebbich, wenn Gott schaut von oben herunter, sieht für ihn die Neun aus wie a Sechs!«

EIN Kosak und ein Jude stehen vor dem Richter. Der Jude behauptet, der Kosak habe ihm sein Pferd gestohlen.
»Nein, ich habe das Pferd gefunden«, behauptet der Kosak.
Der Jude fängt an zu schreien: »Wie heißt: gefunden? Ich habe auf dem Pferd gesessen! Er hat mich mit Peitschenhieben und Fauststößen auf die Straße hinuntergeworfen!«
»Stimmt das oder nicht?«, will der Richter wissen.
»Nun ja«, gibt der Kosak zögernd zu, »ich habe sie beide gefunden, den Juden *und* das Pferd, aber für den Juden hatte ich keine Verwendung.«

EHEPAAR Blau ist nach New York ausgewandert und bewohnt im 13. Stockwerk eines Hotels ein kleines Zimmer. Freund Grün ist ebenfalls hierher ausgewandert, und so oft Blau verreist ist, besucht er Frau Blau. Einmal, mitten in der schönsten Unterhaltung, rasselt es im Schlüsselloch.
»Das kann nur Blau sein«, schließt Frau Blau entsetzt, »schnell, spring aus dem Fenster!«
»Bist du verrückt!«, protestiert Grün, »ich soll springen aus dem 13. Stockwerk?!«
Frau Blau, streng: »Spring! Jetzt ist ka Zeit für Aberglauben!«

DER Religionslehrer möchte in Moritzchen religiöses Empfinden erwecken. Er geht mit ihm durch die Winterlandschaft und sagt gefühlvoll: »Schau, wie der liebe Gott den Teich so schön hat zufrieren lassen!«
Moritzchen: »Kunststück: im Winter!«

MORITZL kommt aus der Religionsstunde heim.
»Was habt ihr gelernt?«, fragt die Mutter.
»Über Moses«, sagt Moritzl, »Moses hat mit seinen Generälen eine Konferenz im Hauptquartier abgehalten. Dann sind die Tanks mit Lautsprechern herumgefahren und haben dem Volk verkündet, es müssten alle Autos um Mitternacht bereit sein zur Generalmobilmachung …«
»Aber Moritzl! Das stimmt doch alles nicht!«
»Ja, Mutter, aber so, wie der Lehrer es erzählt hat, ist es noch viel unwahrscheinlicher.«

MORITZ besucht eine christliche Schule.
Erste Stunde: Wirtschaftsgeografie. Der Lehrer erklärt, dass aller Handel und Wandel nur möglich ist, weil das Jesuskind seine Hand schützend über die Menschen hält.
Zweite Stunde: Religion. Der Lehrer erzählt die Weihnachtsgeschichte.
Dritte Stunde: Geschichte. Der Lehrer erklärt, dass bei allem Tun der Menschen das Jesuskind mit dabei ist.
Vierte Stunde: Zoologie. Der Lehrer fragt: »Moritz, was

ist das, es sitzt auf dem Baum, hat einen buschigen Schweif und knackt Nüsse?«
Moritz, misstrauisch: »Ich hätt' ja gedacht, es ist das Eichhörnchen. Aber es wird wohl wieder das Jesuskind sein.«

ITZIG liegt sterbend im Epidemiespital. Man fragt ihn, ob er geistlichen Zuspruch wünsche.
»Ja, a Bischof mecht ech ham!«
»Aber Sie sind doch Jude!«
»Soll vielleicht kommen mei guter alter Rebbe ins Epidemiespital?!«

PFERDEMARKT in einem galizischen Städtchen. Ein ukrainischer Bauernbursche geht plötzlich auf einen Juden los und beginnt, ihn mit den Fäusten zu traktieren.
Zufällig sieht es ein polnischer Gutsherr, reißt den Burschen vom Juden weg und fragt streng: »Warum tust du das?«
»Die Juden haben Christus gekreuzigt!«, erklärt der Ukrainer.
»Aber das war doch vor 2000 Jahren!«, sagt der Gutsherr.
»Mag sein«, gibt der Bauer zu, »aber ich habe es erst heute gehört.«

EIN Philosemit ist ein Antisemit, der die Juden gern hat.

EIN Jude sitzt neben einem fremden Herrn im Varieté. Ein Vortragskünstler tritt auf. Der Jude dreht sich seinem Nachbarn zu und flüstert: »Einer von unsere Leut!«
Eine Sängerin tritt auf.
»Auch von unsere Leut«, sagt der Jude.
Ein Tänzer kommt auf die Bühne.
»Auch von unsere Leut«, erklärt der Jude.
»Oh Jesus!«, stöhnt der Nachbar angewidert.
»Auch von unsere Leut«, bestätigt der Jude.

WÄHREND der Fahrt über das Schwarze Meer stirbt ein Passagier an einer ansteckenden Krankheit. Der Kapitän befürchtet eine Panik, falls die andern es erfahren, daher befiehlt er zwei Matrosen, nachts die Leiche leise aus der Kajüte Nummer dreiundzwanzig herauszuholen und über Bord zu werfen.
Als er aber am Morgen nachsieht, ist die Leiche noch da. Er stellt die Männer zur Rede. Es erweist sich, dass sie dreiundzwanzig mit zweiunddreißig verwechselt haben. »Da lag ein alter, bärtiger Jude«, erklären sie, »der hat zwar fürchterlich geschrien und behauptet, dass er lebt. Aber glaub einer einem Juden! Sie lügen alle! Wir haben ihn fest in Tücher verpackt und über Bord geworfen.«

AM Automaten für Bahnsteigkarten steht, dass die Karte zehn Pfennig kostet. »Er wird es auch für die Hälfte tun«, sagt sich ein Jude und wirft fünf Pfennig hinein. Es kommt keine Karte. Der Jude wirft die fehlenden fünf Pfennig noch hinzu – es hilft nichts.
Nun kommt ein Offizier, wirft zehn Pfennig hinein, und die Karte kommt heraus.
Da tritt der Jude an den Automaten heran und sagt vorwurfsvoll: »Ihm gibst du und mir nicht! Du Antisemit!«

RELIGIONSUNTERRICHT bei den Abc-Schützen. Der Pfarrer fragt, wer der erste Mensch sei. Fritzchen meint: »Adolf Hitler!«
Nein, meint der Pfarrer, der Gedanke sei nicht schlecht, aber es stimme doch nicht. Es werden Hermann, Josef genannt und abgelehnt.
Meldet sich Moritzl, er durfte damals noch: »Pfarrerleben, wenn es vielleicht ein Nichtarier sein dürfte – also eventuell wüsst' ich da einen!«

DER jüdische Kutscher des Rabbiners schmiert die Wagenräder und schnurrt dabei sein Gebet herunter. Ein Pole, der zufällig dabeisteht, sagt angewidert zum Rabbi: »Sogar beim Beten schmiert euresgleichen die Räder!«
»Es ist umgekehrt«, erklärt der Rabbi, »sogar beim Wagenschmieren beten wir.«

MAGGID zum schluchzenden Zuhörer: »Fandet Ihr meine Predigt so rührend?«
Zuhörer: »Nicht die Predigt. Aber Ihr habt mich an etwas Trauriges erinnert. Vorgestern ist mir eine Ziege gestorben, und wenn die Arme mit dem Kopf wackelte, dann zitterte ihr Bärtchen genau wie das Eure.«

IN einer kleinen Gemeinde war der Posten des Chasan vakant. Zwei Kandidaten melden sich – aber beide haben einen großen Fehler: Der eine trinkt gern, der andere hat die Frauen zu lieb. Der Rabbi wird um Rat gefragt. Er klärt lange, dann entscheidet er: »Nehmt den Schürzenjäger.«
»Rabbi«, wendet ein Ehrenbürger indigniert ein, »trinken – das ist nur ein Fehler. Aber was der andere tut – das ist doch eine regelrechte Sünde!«
»Das schon«, gibt der Rabbi zu, »aber der Trinker wird mit zunehmendem Alter immer mehr trinken. Dagegen der mit den Frauen – der wird eines Tages bestimmt aufhören.«

DER Kutscher fuhr den Rabbi übers Land und klagte über die Ungerechtigkeit der Welt: Ihm, dem Rabbi, wurden überall Ehren und Geschenke angeboten. Ihn, den armen Kutscher, achtete man weniger als einen Hund.
Der Rabbi tröstete den Kutscher, solche Ehren seien durch jahrelange schwere Studien erkauft. »Du würdest«,

meinte er, »meine Rolle keine Stunde lang spielen können oder wollen.«
Der Kutscher schlug dem Rabbi vor, sie möchten zur Probe die Kleider tauschen. Der Rabbi war einverstanden. Sie zogen also mit vertauschten Gewändern in der nächsten Stadt ein. Der Kutscher-Rabbi wurde umschwärmt, der Rabbi-Kutscher saß unbeachtet in der Ecke.
Da sagte ein würdiger Jude zum vermeintlichen Rabbi: »Hier ist eine Talmudstelle, über die wir uns streiten. Ihr werdet sie uns erklären können.«
Der Kutscher, herablassend: »So etwas bereitet euch Schwierigkeiten? In unserer Stadt ist der einfachste Mann einer solchen Frage gewachsen. Ich will es euch beweisen. He, Kutscher, komm her, und erkläre den Herren diese Stelle!«

AWROM kommt ins Wirtshaus, bestellt einen Schnaps nach dem anderen und bekreuzigt sich jedes Mal.
»Warum tust du das? Du bist doch Jude!«, sagt einer.
»Eben darum«, erklärt Awrom, »es geht mir um den guten Ruf meiner Glaubensbrüder. Es soll keiner sagen, er habe einen Juden saufen gesehen!«

SCHLOIME weint am Grabe seiner Gitel: »Gute Gitel, ach, ein einziges Mal möcht' ich dich noch sehen!« Da rührt sich ein Maulwurf im Hügel. Schloime setzt schnell den Fuß darauf. »Wirst doch noch Lozelach [Späße] verstehen, Gitel?«

KAHN hat seinen Freund Levy eingeladen. Frau Kahn, die mit Levy zärtlich liiert ist, versucht, ihm unter dem Tisch mit dem Fuß Signale zu geben – aber Levy reagiert nicht!
Plötzlich dreht sich Kahn zornrot zu seiner Frau um. »Rosalie, hör auf, mich zu treten! In Gegenwart eines Glaubensgenossen esse ich, wie es mir passt!«

»**PAPA,** ich gehe heute in die Oper. Man gibt ›Die Jüdin‹.«
»Und dafür wirfst du das Geld aus dem Fenster? Geh zu deiner Mame hinein und schau sie an – und überleg dann selber, ob man für so etwas noch Geld ausgeben soll!«

KOHN kommt in das leere Bahncoupé, und da es heiß ist, zieht er Rock und Schuhe aus und legt die Füße auf die Bank gegenüber.
Ein eleganter Herr steigt zu. Auf der Stelle zieht sich Kohn wieder an und senkt die Füße artig auf den Fußboden herab.
Der vornehme Herr blättert in seinem Terminkalender, blickt auf und fragt: »Wissen Sie zufällig, auf welches Datum in diesem Jahr Jom Kippur fällt?«
»Esoi!«, ruft Kohn erleichtert aus, und bevor er antwortet, zieht er sich wieder aus und hebt die Füße wieder auf die Bank gegenüber.

FLECKELES *hat frisch konvertiert. Gleich bei der ersten Beichte stiehlt er dem Pfarrer die Uhr und beichtet:*
»Ich habe eine Uhr gestohlen. Es bedrückt mich. Darf ich die Uhr Ihnen übergeben, Hochwürden?«
Pfarrer: »Was fällt Ihnen ein! Ich nehme sie nicht. Geben Sie sie dem Eigentümer zurück.«
Fleckeles: »Das habe ich eben versucht. Er will sie nicht.«
Pfarrer: »Dann brauchen Sie sich nicht weiter bedrückt zu fühlen und können die Uhr mit gutem Gewissen behalten.«

Eine Frage der Logik

EIN Baumstamm liegt quer über der Straße. Juden kommen im Fuhrwerk heran und diskutieren ergebnislos, was man tun könnte. Da kommt auf einem zweiten Fuhrwerk ein kräftiger Bauer, steigt ab, packt den Baumstamm und schiebt ihn beiseite.
Jankel zu Schloime, verächtlich: »Kunststück, mit Gewalt!«

»**WARUM** gibt es eigentlich weniger Pferde als Ochsen, obwohl man doch die Ochsen schlachtet?«
»Das ist doch klar: weil man die Pferde stiehlt!«
»Aha! … aber wieso gibt es dann dort, wo man die gestohlenen Pferde hinbringt, nicht mehr Pferde als Ochsen?«
»Auch das ist klar; dort stiehlt man die Pferde ja auch!«

»**WAS** muss der fromme Jude tun, bevor er Tee trinkt?«
»Den Mund öffnen.«

EINE junge Frau kommt weinend zum Rabbi. Sie wohnt mit ihrem Mann bei ihrem Vater – beide prügeln sie!
Der Rabbi zitiert den Vater zu sich.
»Dein Schwiegersohn«, sagt er, »ist ein stadtbekannter

Grobian. Aber du bist doch ein ordentlicher Mensch – wie kommst du dazu, deine arme Tochter zu schlagen?«
Der Mann: »Ich tue es doch nur, um meinen Schwiegersohn zu strafen: Haut er meine Tochter – hau' ich ihm seine Frau!«

»**RABBI,** kann man mit Toten sprechen?«
»Man kann. Nur: Sie antworten nicht.«

NEW YORK. Da der reiche Lipschitz die Religionsschule großzügig unterstützt, wählt man ihn zu ihrem Präsidenten. Einmal im Jahr wohnt er dem Unterricht bei, wobei er je Klasse nur die Antworten eines einzigen Schülers anhört und dann weitereilt.
Der Lehrer: »Wollen Sie nicht mehrere Schüler je Klasse anhören?«
Lipschitz: »Wozu? Wenn ich in meinem Heringgeschäft ein Fass öffne und einen einzigen Hering koste und er ist gut, dann weiß ich: Alle andern sind auch gut.«

MOTKE Chabad, der Spaßmacher und Pechvogel, drohte einmal: »Wenn die Gemeinde mir nichts gibt, werde ich Hutmacher.«
»Na und?«
»Bei meinem Pech werden dann alle Kinder ohne Kopf zur Welt kommen!«

EIN *Bürger: »Rabbi, Ihr müsst Eure Tora-Studenten besser in Zucht halten. Ich habe gesehen, wie sie mit Mädchen in den Feldern herumspazieren.«*

Rabbiner: »Na und? Das tun doch andere Burschen auch!«

Der Bürger: »Aber Rabbi! Andere Burschen studieren doch nicht die heiligen Schriften!«

Rabbiner: »Also mit andern Worten: Ihr werft meinen Studenten vor, dass sie die Tora studieren?!«

TORA
P. GAY

CHELM. Faiwl kommt in die Badeanstalt, da gibt ihm der Badediener ein Rätsel auf: »Sag mir, mein Obergescheiter, wer ist das? ’s ist nicht mein Bruder, und ’s ist nicht meine Schwester, und ’s ist ein Kind meiner Eltern?«
Faiwl grübelt und grübelt und sagt zuletzt: »Ich weiß nicht.«
Lacht der Badediener: »Das bin ich!«
Das Rätsel gefällt Faiwl sehr, und daheim fragt er sein Weib: »Sag mir, Sara, wer ist das? ’s ist nicht mein Bruder, ’s ist nicht meine Schwester, und ’s ist ein Kind meiner Eltern?«
Sara schweigt. Faiwl erstickt schier vor Lachen: »Haha! Das ist doch der Diener aus der Badeanstalt! …«

WIE unterscheidet man eine Gans von einem Gänserich? Ganz einfach. Man hält dem Tier ein Stück Brot hin. Schnappt er nach dem Brot, so ist es ein Gänserich. Schnappt sie nach dem Brot, so ist es eine Gans.

KASERNENHOF. Feldwebel: »Kohn, wie stehen Sie da?«
»Nu – so wie ich gewachsen bin.«
»Ihnen fehlt ja ein Knopf am Rock!«
»Nu – was soll ich dazu tun?«
»Annähen, Sie Schwein!«
»Der Rock gehört ja nicht mir!«
»Kerl, im Dienst gehört er Ihnen!«
»Wenn er mir gehört – was geht es Sie dann an, ob der Knopf dran ist oder nicht?«

SCHNORRER: »Sie haben mir versprochen, mir jeden Monat ein paar Gulden für die Mitgift meiner Tochter zu geben.«
Der Hausherr: »Ihre Tochter ist doch kürzlich gestorben!«
Schnorrer: »Nu – sind Sie ihr Erbe oder ich?«

EIN Jude beginnt im Bahncoupé plötzlich laut zu lamentieren.
»Juden, ich habe meine Brieftasche nicht mehr!«
Alle Fahrgäste eilen mitleidig herbei und helfen suchen. Sie finden nichts. Schließlich sagt ein erschöpfter Fahrgast: »Habt Ihr auch in den Manteltaschen gut nachgesucht?«
Der Jude, erschrocken: »Was redet Ihr da? Wenn die Brieftasche auch im Mantel nicht ist – dann bin ich doch verloren!«

WARUM nennt man die Kuh mit Recht ein Rindvieh? Man gibt ihr Wasser, und sie gibt dafür Milch; also ist es klar: Sie ist ein Rindvieh!

»**SIGI,** was ist eigentlich eine richtige Spekulation?«
»No, schau, Eier stehen hoch im Preis, da machst du eine Hühnerfarm; es kommt eine Überschwemmung und alle Hühner versaufen. Enten hättste züchten müssen!«

EIN Offizier und ein Jude geben sich im Bahncoupé Rätsel auf. Der Offizier: »Was ist das? Das Erste läuft, das Zweite läuft, das Ganze ist eine Schlacht aus dem Siebenjährigen Krieg.«
Der Jude weiß es nicht, und der Offizier sagt: »Rossbach!«
Nun ist die Reihe am Juden. Er denkt lange nach und sagt dann: »Was ist das? Das Erste läuft, das Zweite läuft, das dritte läuft *nicht*.«
Der Offizier bekommt es nicht heraus. Der Jude:
»Ganz einfach: Das sind die drei Kinder meines Schwagers Elias!«

DER Chef erblickt mitten am Vormittag seinen Buchhalter beim Friseur und ruft ihm empört zu: »In der Geschäftszeit lassen Sie sich Ihre Haare scheren!«
»Nun ja«, meint der Buchhalter, »sie sind mir doch auch in der Geschäftszeit gewachsen.«

TEPLITZER wankt mit kreideweißem Gesicht aus dem Café.
»Was fehlt Ihnen?«, fragt ein Bekannter.
»Stellen Sie sich vor«, stöhnt Teplitzer, »neben mir sitzt Joschke Katz – auf einmal sinkt er tot zu Boden: Der Schlag hat ihn getroffen. Wie leicht hätte er *mich* treffen können!«

DIE Frau: »Aber Schloime, wieso hast du jenem Herrn eine Zehnerbriefmarke zu sieben Heller verkauft?«
Schloime: »Wieso verstehst du das nicht? Wenn ich nicht billiger bin als die Post – dann wird er doch bei der Post kaufen!«

»MAME, der junge reiche Fleckeles, mit dem ich gestern auf dem Ball so viel getanzt habe, will, dass wir uns heute Nachmittag beim alten Lindenbaum am Marktplatz treffen sollen.«
»Unsinn! Wenn ihr euch doch schon kennt – wozu braucht ihr dann irgendeinen alten Herrn Lindenbaum hineinzumischen und ihm Provision zu zahlen?«

DOKTOR Kinsey, der bekannte Verfasser verschiedener Bücher über das Liebesleben in den USA, macht durch seine Assistenten Erhebungen über außereheliche Geburten.
Bei der Auswertung des Materials fällt auf, dass fünf Mädchen in Brooklyn, Bronx, Hoboken, Newark und Richmond unabhängig voneinander einen gewissen Itzig Mandelstamm aus Jersey City als Vater ihres neugeborenen Kindes angeben. Die Assistenten begeben sich neugierig auf die Suche nach dem Casanova – sie finden einen alten Juden mit schlohweißem Bart!
»Sagen sie bloß: Wie machen Sie das?«
»Ich hab' ein Fahrrad.«

NEBEN *dem Bankhaus Rothschild steht der arme Straßenhändler Schmiehl und bietet Äpfel feil.*
Ein Bekannter kommt vorbei und bittet: »Borg mir 20 Schilling, nur bis Freitag!«
Schmiehl, bedauernd: »Ich würde es gerne tun, so wahr Gott mir helfen möge! Aber ich habe mit Rothschild eine Abmachung auf Ehrenwort: Er verkauft keine Äpfel, und ich verleihe kein Geld.«

BANKHAUS
ROTHSCHILD
ÄPFEL
KREDITE
P. GAY

»WARUM willst du den Kohn nicht als Prokuristen?«
»Weil er mit meiner Frau verlobt war und sie sitzen ließ, ich kann keinen Angestellten brauchen, der klüger ist als ich!«

SCHMUL und Itzik treffen sich in London auf der Straße. Fragt Schmul: »Sag, weißt du, wer Columbus ist?«
»Columbus? Nie etwas gehört von Columbus.«
»Du, Schlemihl! Columbus ist der Mann, der Amerika entdeckt hat!«
»Fabelhaft! Woher weißt du das?«
»Weil ich dreimal in der Woche in die Abendschule gehe.«
»Großartige Idee!«
Zwei Wochen später treffen sie sich wieder.
Fragt Schmul: »Sag, weißt du, wer Gutenberg ist?«
»Gutenberg? Wohnt er in meinem Quartier?«
»Du Chammer *[Esel]*! Gutenberg ist der Mann, welcher den Buchdruck erfunden hat.«
»Interessant! Woher weißt du das?«
»Ich hab dir doch schon gesagt, dreimal in der Woche gehe ich in die Abendschule ...«
Zwei Wochen später treffen sie sich abermals.
Diesmal fragt Itzik: »Sag, weißt du, wer Schapiro ist?«
»Nein. Nie von ihm gehört.«
»Schapiro ist der Mann, der dreimal in der Woche bei deiner Frau schläft, während du in der Abendschule bist.«

LEHRER: »Moritzl, mach einen Satz mit ›haben‹!«
Moritzl: »Fräulein Else Weiß ist für jeden Mann zu haben.«
Der Lehrer: »Frecher Bengel! Hinaus mit dir!«
In der Pause kommt der Lehrer in den Gang und sieht, dass Moritzl Schokolade isst.
Lehrer: »Wer hat dir die Schokolade gegeben?«
Moritzl: »Der Herr Schulvorsteher. Er hat mich gefragt, warum ich hier stehen muss, und ich soll ihm die Adresse von Fräulein Weiß geben!«

KARFUNKEL und Frau vor einem Bild von Picasso.
»Es ist ein Porträt«, behauptet Karfunkel.
»Unsinn«, meint die Frau, »das ist eine Landschaft!«
Sie können sich nicht einigen; also kaufen sie einen Katalog und schlagen nach – da steht »Mandelbaum an der Riviera«.
»Siehst du«, sagt Karfunkel frohlockend, »*doch* ein Porträt.«

FRAU Pollak führt ihre Gäste durch die neu eingerichteten Räume ihrer Villa. Meint einer von ihnen: »Es ist ja alles großartig. Aber wozu brauchen Sie ein Kinderzimmer, wo doch Ihre Söhne und Töchter längst erwachsen sind?«
Frau Pollak: »Weil einer unserer Freunde letzthin einem andern zugeflüstert hat: ›Sie hat ja alles, bloß keine Kinderstube.‹ Also habe ich uns gekauft e Kinderzimmer.«

NEUGOLD zum Buchhändler: »Ich möchte Goethes Werke für meine neu errichtete Bibliothek.«
Der Buchhändler: »Welche Ausgabe?«
Neugold: »Da haben Sie eigentlich Recht, ich habe so schon genug Ausgaben momentan. Auf Wiedersehen.«

FRAU Pollak: »Ich wusste gar nicht, dass Friedrich der Große ermordet wurde!«
»Aber gnädige Frau! Wie kommen Sie darauf?«
»Da! Lesen Sie selber! Hier steht: Friedrich der Große nach einem Stich von Adolf Menzel.«

EIN schöner Sommermorgen. Ein Jude spaziert im Park, ein Hündchen läuft ihm nach. Da kommt ein Polizist und sagt streng: »Nehmt den Hund an die Leine! Sonst zahlt Ihr Strafe!«
Der Jude geht wortlos weiter.
Der Polizist wird böse: »Wenn Ihr nicht sofort den Hund an den Riemen nehmt, zahlt Ihr eine Geldbuße!«
Der Jude geht weiter.
Da zieht der Polizist sein Notizbuch hervor, schreibt etwas hinein und reicht das Blatt dem Juden: »Drei Zloty!«
Der Jude bleibt stehen: »Warum soll ich zahlen? Das ist doch nicht mein Hund!«
»So? Und warum läuft er Euch nach?«
»Ihr lauft mir ja auch nach und seid nicht mein Hund!«

DER Bauer war in der Stadt. Er hat in verschiedenen jüdischen Geschäften und auch in einem Genossenschaftsladen eingekauft. Zu Hause erzählt er nun seine Erlebnisse:
»Und ich sag' euch, es ist doch wahr: Alle Juden sind Schwindler. Wie ich mit meinen Einkäufen fertig bin, merke ich, dass ich den Schirm irgendwo habe stehen lassen. Ich gehe zurück in das erste, das zweite, das dritte jüdische Geschäft – nirgends will man meinen Schirm gesehen haben. Dann komme ich in den Genossenschaftsladen, und die rufen mir schon von weitem zu: ›Sie haben Ihren Schirm bei uns vergessen!‹ Seht ihr – *das* sind ehrliche Leute!«

JUDE beim Optiker: »Ich brauche eine Brille.«
Optiker: »Kurzsichtig oder weitsichtig?«
Jude: »Durchsichtig.«

LEVY kommt Freitagnachmittag in ein Assekuranzbüro, um eine Lebensversicherung abzuschließen.
Der Beamte: »Sie sind doch schon ziemlich alt für so etwas?«
»Achtzig Jahre.«
»Und da wollen Sie eine Lebensversicherung abschließen?! Na, jetzt schließen wir ja gleich. Kommen Sie morgen wieder!«
»Morgen kann ich nicht: Schabbes!«
»Dann kommen Sie am Montag.«

»Geht auch nicht. Am Montag hat mein Vater Geburtstag.«
»Himmel! Sie haben noch einen Vater? Wie alt ist er?«
»Hundert Jahre.«
»Was? Gratuliere! Also kommen Sie halt Dienstag.«
»Geht auch nicht. Da heiratet mein Großvater.«
»Großvater haben Sie auch!? Wie alt ist denn der?«
»Hundertzwanzig Jahre.«
»Und will noch heiraten?!«
»Was heißt will? Er muss!«

ITZIK kauft einen Papagei und schickt ihn nach Hause. Mittags kommt er heim und fragt: »Wo ist der Papagei?«
»Wos für e Papagei?«, fragt die Frau.
»Nu, der Vogel, den ich gekauft hab.«
»Den hab ich zum Schochet *[Schächter]* geschickt, und er hat ihn geschächtet.«
»Großer Gott! Der Vogel kann doch reden!«
»Nu, warum hat er nix gesagt?«

»**ICH** war in Indien.«
»Geschäftlich?«
»Nein. Tiger jagen.«
»Hast du viele geschossen?«
»Keinen.«
»Das ist aber wenig!«
»Nu – für Tiger!«

ZWEI Juden sitzen im Caféhaus. Einer von ihnen ist blind.
»Willst du ein Glas Milch?«, fragt der Sehende.
»Beschreib mir doch einmal die Milch!«, bittet der Blinde.
»Milch? Das ist eine weiße Flüssigkeit.«
»Schön. Und was ist ›weiß‹?«
»Nu – weiß ist zum Beispiel ein Schwan.«
»Aha. Und was ist ein Schwan?«
»Ein Schwan? Das ist ein Vogel mit einem langen krummen Hals.«
»Schön. Aber was ist ›krumm‹?«
»Krumm? Ich will mal meinen Arm krumm biegen, und du wirst ihn abgreifen. Dann wirst du wissen, was krumm heißt.«
Der Blinde tastet sorgfältig den gekrümmten Arm des andern ab und sagt verklärt: »So, endlich weiß ich, wie Milch ist!«

GALIZIEN. Zwei Juden im Bahncoupé.
»Verzeihen Sie. Können Sie mir sagen, wie spät es ist?«
»Gerne. Es ist neun Uhr zwanzig.«
Nach einer Weile: »Verzeihen Sie, mein Herr, seien Sie bitte so nett, mir zu sagen, wie spät wir es jetzt haben.«
»Ja … Zehn vor zehn.«
Wieder nach einer Weile: »Bitte tausendmal um Entschuldigung, dass ich Sie wieder störe; dürfte ich vielleicht fragen, wie spät es jetzt ist?«

»Hm … Hören Sie mal, haben Sie denn keine Uhr?«
»Nein. Ich habe nie eine Uhr gehabt.«
»Und wenn Sie wissen möchten, wie spät es ist?«
»Ganz einfach. Wie Sie sehen. Ich frage.«
»Nun gut. Aber wie machen Sie es zu Hause?«
»Ich wohne gegenüber dem Rathaus. Da gibt es eine Turmuhr, und ich kann sie durch das Fenster sehen.«
»Gut. Am Tag. Aber nachts?«
»Nachts? Wissen Sie, ich habe auf meinem Nachttisch eine Trompete liegen. Wenn ich wissen will, wie spät es ist, blase ich ein paar laute Töne.«
»Ich verstehe nicht, was das helfen soll.«
»Ganz einfach. Dann kommt jeweils die ganze Nachbarschaft zu mir gelaufen und sagt: ›Bitte, Herr Lindenzweig, ist das möglich? Um zwei Uhr fünfundzwanzig blasen Sie Trompete?!‹«

AUF der Bahnfahrt nach Przemysl. In einem Abteil sitzen sich zwei Juden gegenüber, ein älterer Herr und ein junger Mann, der sich verzweifelt bemüht, ein Gespräch in Gang zu bringen. Schließlich verfällt der junge Mann auf den alten Trick und sagt zu seinem Gegenüber: »Verzeihung, der Herr, könnten Sie mir vielleicht sagen, wie spät es ist?«
Der Herr antwortet nicht. – Sie fahren Station um Station. Vergebens versucht der junge Mann, mit seinem Gegenüber ins Gespräch zu kommen. Schließlich nähert man sich schon den Vororten von Przemysl. Der junge

Mann fasst sich nochmals ein Herz und sagt mit vorwurfsvoller Stimme:
»Verzeihung, mein Herr, jetzt habe ich Sie höflich gefragt, was die Uhr ist. Und Sie gaben und gaben mir keine Antwort.«
Der Ältere wendet sich ihm zu und sagt: »Lieber Mann, ich will Ihnen sagen, was gewesen wäre, wenn ich Ihnen gesagt hätte, was die Uhr ist. Sie hätten mich gefragt, was die Uhr ist. Ich hätte Ihnen gesagt, wir haben neun Uhr. Sie hätten mir gesagt, was ich für eine schöne Uhr habe. Ich hätte Ihnen gesagt: Ja, die Uhr ist ein wertvolles Stück. Sie hätten gesagt, wenn man eine so wertvolle Uhr hat, muss man auch machen gute Geschäfte. Ich hätte gesagt, ja, ich mache gute Geschäfte. Sie hätten mich gefragt, was für Geschäfte ich mache. Ich hätte Ihnen gesagt, ich mache in Kleber und Heu. Dann hätten Sie mich gefragt, wo ich wohne. Ich hätte Ihnen gesagt: in Przemysl. Sie hätten mich gefragt, ob ich habe ein schönes Haus. Ich habe ein schönes Haus. Sie hätten mich gefragt, ob ich habe Familie. Ich habe eine Tochter. Sie hätten gefragt, ob die Tochter schön ist. Ich hätte gesagt, sie ist schön. Dann wären Sie gekommen und hätten einen Besuch gemacht. Ich hätte Ihnen gesagt, Sie können mich immer besuchen kommen. Dann hätten Sie bei mir angehalten um die Hand meiner Tochter Ester … Jetzt frage ich Sie: Wozu brauche ich in meiner Familie e Parech *[hier: hergelaufenes Individuum]*, was nicht emal an Uhr hat?«

DER *Schüler zum Melamed [Lehrer]: »Rebbe, ich kann absolut nicht begreifen: Wie funktioniert ein Telegraf?«*
Der Melamed: »Sehr einfach. Du musst dir an Stelle des Drahtes einen riesenlangen Dackel vorstellen. Trittst du den Dackel hinten – dann heult er vorne.«
»Aha. Und drahtlose Telegrafie?«
»Dasselbe – ohne den Dackel.«

Speis & Trank

EIN Jude kommt in ein Delikatessengeschäft und fragt: »Wie viel kostet der Schinken?« [Der Genuss von Schweinefleisch ist nach mosaischem Gesetz verboten.] Draußen zieht ein Gewitter auf, und im gleichen Augenblick gibt es einen mächtigen Donnerschlag. Der Jude erhebt beschwichtigend seine Augen zum Himmel und sagt: »Na, fragen wird man doch noch dürfen!«

DER Bocher ist bei einer Familie zum Mittagessen eingeladen. Es gibt Topfenknödel, und er vertilgt unvorstellbare Quantitäten. Schließlich kann der Hausherr nicht mehr an sich halten: »Sagen Sie, Bocher, haben Sie immer einen so gesegneten Appetit?«
Darauf der Bocher mit vollem Munde: »Was wäre erst, wenn ich sie gern essen tät!«

DER arme Verwandte stochert missmutig an dem mageren Huhn herum, das man ihm vorgesetzt hat.
Der Hausherr: »Sara, nötige doch den Benno, dass er isst.«
Benno: »Hätten Sie lieber das Hühnchen genötigt, dass es isst!«

EIN Schnorrer schwärmt seiner Frau von dem herrlichen Kuchen vor, den er in einem reichen Haus bekommen hat.

»Verlang das Rezept«, meint die Frau, »dann werde ich auch so einen Kuchen backen.«

Der Schnorrer fragt die Köchin aus und berichtet: »Man nimmt zehn Eier.«

»Das kann ich mir nicht leisten. Ich nehme zwei Eier.«

»Gut. Und ein Pfund Butter.«

»Wo soll ich Butter hernehmen?«

»Also ohne Butter. Und ein viertel Pfund Rosinen.«

»Muss das sein? Rosinen sind sehr teuer.«

»Nein, es muss nicht sein. Und ein Pfund weißes Mehl.«

»Ich bin froh, wenn wir schwarzes im Haus haben!«

»Meinetwegen schwarzes. Und dann bäckt man den Kuchen in einer runden Form im Backrohr.«

»Backrohr haben wir nicht. Backform auch nicht. Ich werde den Kuchen in der heißen Asche backen ...«

Der Kuchen ist fertig, und die Frau kostet.

»Puh«, meint sie, »und so etwas schmeckt den Reichen?!«

GAST: »A Kalbsbrust.«

Kellner: »Mit Salat?«

Gast: »No na, mit Büstenhalter!«

»**KELLNER!** A Hasenbraten will ich. Aber ich will mir nicht zerbrechen die Zähn. Können Sie mir versichern, dass der Hase nicht geschossen worden ist mit Schrot?«
»No na – die Pulsadern wird er sich aufgeschnitten haben!«

DER alte Sauerteig, ein renommierter Weinhändler, liegt im Sterben. Die Söhne umstehen ihn respektvoll. Der sterbende Sauerteig erteilt mühsam seine letzten Ratschläge.
Schließlich flüstert er, schon ganz kraftlos: »Übrigens, was ich euch noch verraten wollte: Wein kann man auch aus Trauben machen.«

IN ein elegantes Berliner Restaurant kommt ein Jude und bestellt mit schallender Stimme eine Portion Schinken. Sagt der Kellner: »Schreit nicht! Man sieht, dass Ihr Jude seid!«

KARPELES hat Rindsbraten bestellt. Nun sitzt er vor seinem Teller und weint.
»Was weint Ihr?«, fragt der Wirt erschrocken.
»Ich weine«, sagt Karpeles, »darüber, dass für ein so winziges Fetzchen Fleisch ein ganzer großer Ochse sterben musste!«

AVROM und Itzig sind zusammen nach Paris ausgewandert und sitzen, ganz ohne Sprachkenntnisse, zum ersten Mal im Restaurant. Auf allen Tischen stehen kleine Dosen mit einer braungelben Salbe. Es muss etwas Kostbares drin sein, denn die Gäste nehmen nur winzige Portionen davon. Die beiden werden neugierig. *[Senf war in Osteuropa fast unbekannt.]* Sie beschließen, die gelbe Kostbarkeit auszuprobieren. Sobald der Kellner wegschaut, wird einer von ihnen rasch einen Löffel voll in den Mund schieben. Itzig kommt als Erster dran. Kaum hat er das gelbe Zeug im Mund, da schießen ihm Tränen in die Augen und sein Gesicht wird dunkelrot.
»Was fehlt dir?«, fragt Avrom verwundert.
»Ach, weißt du«, erklärt Itzig ausweichend, »ich habe mich eben erinnert, dass mein Bruder voriges Jahr ertrunken ist.«
»Nebbich! Ja – und diese gelbe Sache? Ist sie gut?«
»Wunderbar!«
Also nimmt Avrom auch einen Löffel voll und fängt auch an zu weinen.
»Was weinst denn *du*?«, fragt Itzig scheinheilig.
»Ich weine darüber«, erklärt Avrom, »dass du im Vorjahr nicht mit deinem Bruder zusammen ertrunken bist.«

WAS macht die Knackwurst genießbar? Das ›n‹.

»KELLNER, letzte Woche habe ich hier bei Ihnen einen ausgezeichneten frischen Fisch bekommen – und diese Woche servieren Sie mir einen stinkenden Kadaver!«
Kellner: »Da sieht man, was die Einbildung ausmachen kann: Ich schwöre Ihnen, das Stück auf Ihrem Teller stammt von dem genau gleichen Fisch, den Sie so loben!«

FRAU Pollak im Pariser Restaurant. Der Kellner stellt ein Glas Wasser vor sie hin.
Frau Pollak: »Was ist das?«
Kellner: »Un verre d'eau.«
Frau Pollak kostet vorsichtig und meint dann zu ihrem Gatten: »Wenn ich nicht wüsste, dass das ein ›verre d'eau‹ ist – ich würde wetten: Es ist ein Glas Wasser!«

GROSSES Abendessen bei Frau Pollak. Es gibt Wiener Schnitzel – sie sind ausgezeichnet. Schließlich bleibt ein einziges Schnitzel auf der Platte. Niemand wagt, es zu nehmen. Plötzlich geht das Licht aus – und man hört einen durchdringenden Schrei.
Aber gleich wird es wieder hell – und was sieht man? Frau Pollak hat ihre Hand auf dem Schnitzel, und alle Gabeln stecken in der Hand.

»ICH kann erraten, was du gestern zu Mittag gegessen hast!«
»So etwas kann man nicht erraten!«

»Ich kann es doch. Du hast (auf den Bart des andern starrend) Nudeln und Sauerkraut gegessen.«
»Haha! Das ist falsch! Das war vorgestern!«

RUMÄNISCHES Restaurant in Tel Aviv. Ein Gast kommt, hängt seinen Mantel hin, setzt sich zum Tisch und verlangt gekochtes Rindfleisch. Der Kellner geht hinaus und kommt mit dem Bescheid: »Leider nicht mehr vorhanden.«
Der Gast bestellt ein Schnitzel. Der Kellner geht wieder hinaus und meldet abermals: »Leider nicht mehr vorhanden.«
Der Gast bestellt noch dies und das – nichts ist da. Da sagt der Gast wütend: »Bringen Sie mir meinen Mantel!«
Der Kellner geht hinaus, kommt herein und meldet: »Leider auch nicht mehr vorhanden.«

EIN Gast bestellt beim Kellner Apfelkuchen. Dann überlegt er es sich, schickt den Apfelkuchen zurück und bestellt stattdessen ein Glas Kognak, trinkt aus, steht auf und will gehen.
Kellner: »He, Sie haben den Kognak nicht bezahlt!«
Gast: »Ich habe Ihnen doch stattdessen den Apfelkuchen zurückgegeben.«
Kellner: »Den haben Sie ja auch nicht bezahlt!«
Gast: »Nu – hab' ich ihn denn gegessen?«

EIN Gast kommt ins Restaurant und trägt eine Spargelstange hinterm Ohr. Der Ober ist sprachlos, wagt aber nichts zu sagen. Von da an kommt der Gast täglich – immer mit der Spargelstange am Ohr. Schließlich nimmt sich der Ober vor: Wenn er heut wieder kommt – dann frag ich ihn!
Der Gast kommt wieder. Heute aber hat er eine Petersilienstange hinterm Ohr stecken.
Der Ober: »Entschuldigen Sie, mein Herr, darf ich fragen: Warum tragen Sie eine Petersilienstange am Ohr?«
»Ja – wissen Sie: Heute habe ich keinen Spargel bekommen.«

»**WAS** schenkst du Rifke Mandelzweig zur Hochzeit?«
»Ein Kaffeeservice für sechs Personen. Und du?«
»Ich? Ein Teesieb für achtundvierzig Personen.«

Militärisches, Politisches

NERVÖSER *Jude bei der Musterung: »Herr Doktor, versetzen Sie mich nicht zur Artillerie! Ich kann das Schießen nicht hören!«*
»Haben Sie keine Angst, die schießen so laut, das werden Sie schon hören können!«

DER Zar inspiziert ein Regiment und befragt einzelne Soldaten, wie sie zufrieden sind. Die meisten haben nicht zu klagen. Aber ein junger Jude fasst sich das Herz und sagt: »Majestät, ich bin unglücklich in Russland. Ich darf nicht wohnen, ja nicht einmal übernachten, wo ich will. Ich darf keine höheren Schulen besuchen. Es gibt Pogrome. Meine Familie stirbt vor Hunger …«
Der Zar seufzt: »Glaubst du, lieber Jankel, es geht mir besser als dir? Meine Minister betrügen und bestehlen mich. Man wirft Bomben auf mich. Ich bin sehr unglücklich …«
»Wissen Sie was, Majestät«, schlägt Jankel vor, »wandern wir zusammen nach Amerika aus!«

DER Feldwebel erklärt den Rekruten: »Ich zähle bis drei, und dann rennen Sie los! Eins … zwei … He, Sie da! Ich habe doch noch gar nicht drei gesagt!«
Rosenblum: »Ach, Herr Feldwebel, das sind ja alles Esel; ich aber habe gewusst, dass Sie gleich ›drei‹ sagen werden!«

STELLUNGSBAU. Kohn hat sein Schützenloch schon zwei Meter tief gegraben. Der General erscheint und sagt: »Kohn, warum so tief? Du wirst den Feind nicht sehen!«
Kohn: »Bin ich neugierig?«

IM Ersten Weltkrieg gelingt es zwei Juden, sich vom Frontdienst zu drücken. Beide dienen in der Etappe. Da sie aber gesunde Männer sind, ist ihre Position mit einem gewissen Risiko verbunden. Einmal treffen sie sich beim Heimaturlaub und fragen einander aus.
Schmul: »Ich habe einen Posten in der Etappe in Südtirol.«
Itzig: »Ich mache Büroarbeiten im Kriegsministerium.«
Schmul: »Und was macht dein Freund Moische?«
Itzig: »Der hat es sich leicht gemacht, der Feigling! Der sitzt im Schützengraben an der Piave-Front!«

DIE Soldaten üben im Kasernenhof und marschieren gegen eine Mauer. Knapp vor der Mauer kommandiert der Feldwebel: »Halt!«
Darauf der Soldat Fischl: »Wos meinen Sie, Herr Feldwebel, ich wär' in die Mauer hineingegangen?«

LENINS Totenfeier. Gewaltiger Pomp.
Ein Jude: »Was für eine Verschwendung! Für dieses Geld könnte man die ganze Partei begraben!«

SOWJETRUSSLAND. Von Samuel Bienenstich ist bekannt, dass er in einem sibirischen Straflager war. Mitleidvoll sagt ein Bekannter: »Sie Ärmster, wie schrecklich!«
Bienenstich schüttelt den Kopf: »Warum? So schrecklich war es auch wieder nicht. Um sieben Uhr hat man uns aufgeweckt. Frühstück ist gewesen Tee mit Kipfel. Nu

also, der Tee hätt' können gewesen sein e bissel heißer. Dann hat man uns per Auto geführt in eine Konservenfabrik und dort hab ich aufgeklebt die Etiketten. Um zwölf, halb eins ist gekommen das Auto und hat uns gebracht zum Mittagessen. Nach dem Essen – also mit Salz hat me gespart, sonst war's ganz gut! – ist gewesen Zeit für ein Nickerchen; bis zur Jause, wo man hat gegeben Kaffee mit Butterbrot. Dann hamma gemacht e Spielchen mit de Karten bis zum Abendessen. Gut, das Menü am Abend war nicht aus dem Kreml, aber was will der Mensch?! Nach dem Abendessen war die Ausgabe von Zigaretten für den nächsten Tag; ma hat sich unterhalten mit a bissel Fernsehen, und um zehn, halb elf ist man gegangen zu Bett.«
Birnstengl schüttelt den Kopf: »Was man da hört für Sachen. Was soll ich glauben? Der alte Eisenstab hat mir erzählt ganz andere Geschichten vom KZ!«
Bienenstich: »Kunststück – der is auch schon wieder drin!«

DIE Lehrerin in einer Schule der Sowjetunion: »Kinder, wer von euch weiß, was eine ›Tragödie‹ ist?«
Iwan: »Gestern hat sich mein Schwesterchen die Nase aufgeschlagen. Da hat Mama geschrien: ›Was für eine Tragödie!‹«
»Unsinn. Das ist keine Tragödie, das ist ein Unfall.«
Matwei: »Meiner Großmutter wurden die Pantoffeln gemaust. Da hat sie geschrien: ›Was für eine Tragödie!‹«

»Das ist bloß Pech. Aber keine Tragödie.«
Alexej: »Gestern wurde eine Frau auf der Straße überfahren. Da hat ein Herr gestöhnt: ›Ach, was für eine Tragödie!‹«
»Das ist ein Unglück. Nicht eine Tragödie.«
Der kleine Moische: »Stalins Tod. Das ist eine Tragödie.«
Die Lehrerin: »Richtig! Woher weißt du das?«
Moische: »Nun – ich habe es mir ausgerechnet: Ein Unfall ist es nicht, ein Pech ist es auch nicht, ein Unglück erst recht nicht – also was kann es schon sein als eine Tragödie?«

NEUE Gebiete der Statistik. Chruschtschow fühlt sich nicht wohl, solange die menschlichen Überreste Stalins in der UdSSR liegen. Er schlägt de Gaulle vor, Stalin im Dom des Invalides zu platzieren. De Gaulle lehnt höflich ab, der Dom ist für andere Helden reserviert.
Chruschtschow wendet sich an Washington. Aber auch auf dem Arlington-Friedhof will man Stalin nicht haben. Chruschtschow schreibt an Macmillan – aber auch in Westminster Abbey ist kein Platz da für Stalin.
Schließlich fragt Chruschtschow bei Ben Gurion, dem Oberhaupt der israelischen Regierung, an. Diesmal hat er Glück: Ben Gurion ist einverstanden. Er macht jedoch Chruschtschow darauf aufmerksam, dass nach verlässlicher internationaler Statistik die Zahl der Auferstehungen im Heiligen Land relativ die größte ist auf der Welt. So bleibt Stalin in Russland.

MOSKAU. Mitten in der Nacht klingeln drei Kontrolleure an der Wohnungstür und fragen: »Lebt hier Abram Isakowitsch?«
»Nein.«
»Ihr Name?«
»Abram Isakowitsch.«
»Sagten Sie nicht, er lebe nicht hier?«
»Nu – ich frage Euch: Nennt Ihr das Leben?«

IM kommunistischen Polen. Der Lehrer erzählt, wie die Welt in Jahrmillionen entstand.
In der nächsten Stunde fragt er: »Jasiek, wie ist die Welt entstanden?«
»Gott hat sie erschaffen, Herr Lehrer.«
»Unsinn! Mieczyslaw! Sag du es!«
»Gott hat sie erschaffen, Herr Lehrer.«
»Was soll das? Moische, sag du es ihnen!«
»Die Welt wurde tatsächlich von Gott erschaffen, Herr Lehrer.«
»Aber du weißt doch, dass es keinen Gott gibt!«
»Ja, Herr Lehrer, aber damals gab es ihn noch!«

IM kommunistischen Ungarn. Itzik kommt zu Moische gerannt: »Moische, hast du schon gehört? Die Russen sind auf den Mond geflogen!«
Moische, begeistert: »Was du nicht sagst?! Alle?«

ALS die Deutschen im Ersten Weltkrieg in die Ukraine kamen, wurden sie dort ihrer technischen Tüchtigkeit wegen sehr bewundert. Eines Tages kam ein Jude zum Rabbi und klagte, die Deutschen hätten seine Tochter geschwängert. Indes schon zwei Monate nach dem Einmarsch der feindlichen Armee kam das Mädchen nieder.
»Wie konntet Ihr nur die Deutschen beschuldigen?«, warf der Rabbiner dem Juden vor.
Der Jude: »Rabbi, Ihr ahnt nicht, was die Deutschen mit ihrer Technik zuwege bringen!«

LEVY geht mit seinem Freund Kohn über die Straße.
»Dreckiger Saujud!«, schreit ein Bursche. Levy dreht sich sofort um und gibt dem Kerl fünf Franc.
»Bist du verrückt geworden?«, fragt Kohn bitter.
Levy erklärt: »Wir sind beide schwächlich. Aber der Dummkopf wird jetzt glauben, dass man dafür immer fünf Franc bekommt; er wird es immer neu versuchen, bis er an den geraten wird, der ihm dafür Arme und Beine entzweibricht.«

ZU Beginn der Hitler-Ära fährt Blumenthal nach Berlin
Als er zurückkommt, erzählt er: »Ich habe Goebbels gesehen. Er sieht aus wie Apoll …«
»Bist du wahnsinnig? Dieser mickrige Krüppel!«
»Lass mich doch ausreden! Er sieht aus wie *a pol*nischer Jüd.«

IN der Nazizeit sitzen zwei Juden in ihrem Berliner Stammcafé. Plötzlich sagt der eine schwermütig: »Moses ist doch ein ganz großes Rindvieh gewesen!«
»Um Himmels willen! Wie sprichst du von unserm großen Propheten! Er hat uns doch aus Ägypten herausgeführt!«
»Eben deshalb! Hätt' er uns nicht 'rausgeführt, so hätt' ich jetzt einen englischen Pass.«

1933. In einem deutschen Amtsgebäude meldet sich ein Jude mit der Bitte, seinen Namen ändern zu dürfen.
Der Beamte: »Im Allgemeinen lassen wir uns darauf nicht ein. Aber Sie werden wohl starke Gründe haben. Wie heißen Sie denn?«
»Adolf Stinkfuß.«
»Ja – da muss man schon Verständnis haben. Und wie möchten Sie heißen?«
»Moritz Stinkfuß.«

DEUTSCHLAND 1933. Jeiteles hat sich respektlos über den Führer geäußert und muss zur Strafe drei Tage lang mit einem Plakat »Juden hinaus, Arier an ihre Stelle« durch die Straßen gehen und sich dann wieder melden. Man versucht, ihn zu kontrollieren, sieht ihn aber nirgends. Als er sich nach drei Tagen meldet, brüllt der Nazibonze: »Du Judenschwein! Du bist ja gar nicht mit dem Plakat herumgelaufen!«
»Ich habe es aber doch getan!«, beteuert der Jude.

»Wo bist du denn herumgelaufen?«
»Auf dem jüdischen Friedhof.«

NACH Beginn des Hitler-Regimes bemühten sich die alteingesessenen Juden in Berlin, ihren Besitz in kostbaren Antiquitäten anzulegen. Ein Kunsthändler besucht seinen besten Kunden, einen reichen Bankier, öffnet behutsam einen mitgebrachten Ebenholzkasten und sagt: »Herr Pfeffer, ich habe Ihnen etwas ganz Schönes mitgebracht: eine Totenmaske von Franz Liszt.«
Der Bankier betrachtet die Totenmaske lange und fragt dann: »Haben Sie so etwas nicht in Hitler?«

BERLIN. Wilmersdorfer Straße. Zeit: Kristallnacht. Man wirft aus einem Stockwerk die Möbel auf die Straße. Kohn steht vor dem Haus, sieht zu und lacht furchtbar. Ein Uniformierter erkennt ihn als Juden und schreit ihn an: »Das ist eine Judenwohnung!«
Kohn: »Ja, das ist meine Wohnung.«
»Warum lachst du dann?!«
»Nu«, sagt Kohn, »ich wohne doch möbliert!«

KOHN ist in Israel eingewandert und wird nach seinen beruflichen Absichten und Einsatzmöglichkeiten gefragt. Er erklärt: »Ich mecht werden Ministerpräsident.«
»San Se meschugge?«
»Gehört das zu de Qualifikationen?«

BLAU *trifft in Ischl auf einer Caféhausterrasse seinen Freund Grün.*
»Ich wohne im ›Roten Ochsen‹«, berichtet Grün.
»Aber ich bitt' dich«, sagt Blau, »der Besitzer ist doch ein bekannter Nazi!«
Grün eilt ins Hotel und kündigt.
»Aber Herr Grün!«, sagt der Wirt, »waren Sie nicht zufrieden?«
»Zufrieden war ich schon«, gibt Grün zu. »Aber man hat mir erzählt, dass Sie ein Nazi sind.«
Wirt, entrüstet: »Was! I, in der Sommersaison a Nazi?!«

HERZLICH WILLKOMMEN VOM MÄRZ BIS OKTOBER
P. GAY

IN Wien, nach dem Anschluss. Im Straßengedränge tritt ein uniformierter SA-Mann einen Passanten auf den Fuß, dieser reagiert mit einem Faustschlag.
Ein zweiter Passant, Jude, versetzt hierauf dem SA-Mann ebenfalls eine Ohrfeige. Auflauf, Polizei.
Wachmann zum Passanten: »Was gibt Ihnen das Recht, einen SA-Mann zu ohrfeigen?«
»Ich bitte um Entschuldigung, der Schmerz war so schrecklich, es war eine ungewollte Reaktion.«
»Nun gut, aber wie kommen Sie, Jude, als Unbeteiligter dazu, den SA-Mann zu schlagen?«
»Nu – ich hab' gesehen, man pätscht *[haut]* die Nazi, da dachte ich mir, man darf schon wieder.«

ZWEI Ex-Nazis treffen sich auf der Straße.
»Wie geht es dir?«
»Ach, ich habe als alter Nazi meine Stellung verloren. Und du?«
»Mir geht es glänzend!«
»Wie machst du das?«
»Ich halte im Keller einen reichen Juden versteckt.«
»Was: jetzt? Achtzehn Jahre nach dem Krieg?«
»Ja, aber ich hab's ihm noch nicht gesagt.«

AUF einer Bundesstraße schleicht ein Mercedes 220 SE Cabriolet. Ein Volkswagen versucht zu überholen. Jedes Mal, wenn er dazu ansetzt, tippt der Mercedesfahrer auf das Gaspedal und zieht ab. Das geht so etwa zehnmal.

Schließlich, an einer Kreuzung, gelingt es dem Volkswagen, vorbeizuziehen. Der Volkswagen hält. Der Fahrer steigt aus und stoppt den Mercedes. Er geht auf den Mercedesfahrer zu und fragt: »Gestatten Sie bitte eine Frage: Sind Sie Jude?«
»Nein.«
»Komm raus, du Schwein!«

EIWEISS war zum ersten Mal bei einem Rennen. Er setzte auf einen Outsider, dem niemand Chancen gab – und gewann. Der Toto zahlte 641 zu 10.
Blass stand Pinkus daneben und bat: »Verrat mir, Sally, wer hat dir den Tipp gegeben?!«
Eiweiß: »Nu – ich hab gesehn: Stall Rosenfeld: Rahel. Da habe ich mir gesagt: Das is e jüdisches Pferd, das wird sich schon vordrängen!«

ASSENTIERUNG in Tel Aviv. Schmul gelingt es, dem Stabsarzt weiszumachen, dass er fast vollständig blind ist.
Als untauglich freigestellt, eilt er schnurstracks ins Kino.
Wie groß ist sein Schreck, als er neben sich just den Stabsarzt sitzen sieht. Aber schnell gefasst, wendet er sich an ihn mit der Frage: »Fräulein, bin ich hier richtig im Autobus nach Rechavia?«

EIN Neger sitzt in der Trambahn in New Orleans und liest eine jiddische Zeitung. Da klopft ihm ein weißer Jude auf die Schulter und fragt sacht: »Neger allein (zu sein) ist Ihnen nicht genug?«

Hürden des Daseins, Tücken des Objekts

»**RABBI,** was soll ich tun? Ich habe einen Hahn und eine Henne. Schlachte ich den Hahn, dann kränkt sich die Henne. Schlachte ich die Henne, dann kränkt sich der Hahn.«
Der Rabbi klärt lange und entscheidet: »Du sollst den Hahn schlachten!«
»Aber Rabbi, dann kränkt sich doch die Henne!«
»Nu – soll sie sich kränken!«

»**REBBE,** helft mir! Ich habe zwei schwere Fehler. Erstens spüre ich keinen Geschmack auf der Zunge, und zweitens kann ich keine Wahrheit sagen.«
Der Rebbe geht hinaus, klaubt im Hof Ziegendreck auf, wälzt die Kugeln in gestoßenem Zucker und befiehlt dem Juden: »Kostet! Die Pille wird Euch helfen.«
Der Jude kostet und schreit: »Rebbe! Gewalt! Das ist doch Tinnef *[Dreck]*!«
»Siehst du«, sagt der Rebbe zufrieden. »Es hat schon geholfen: Du hast mit einem Male Geschmack auf der Zunge, und du hast die Wahrheit gesagt! Es ist tatsächlich Tinnef!«

KOHN hat sich einen neuen Maserati gekauft: elfenbeinweiß, rote Polsterung, zweihundertvierzig Kilometer.

Sara bittet ihn inständig, den Rebbe die Broche *[Segen]* über den Wagen sprechen zu lassen. Kohn geht zu einem orthodoxen, altmodischen Rebbe: »Rebbe, ich hab' mir gekauft einen tollen Maserati. Ich bitte dich, sprich über ihn eine Broche!«
»Maserati: Was ist das?«
»Ein modernes Auto mit acht Zylindern.«
»Bist du meschugge? Wozu braucht ein Auto acht Kopfbedeckungen? Mit so einem Teufelszeug will ich nichts zu tun haben!«
Kohn berichtet Sara von seinem Misserfolg. Sara schickt ihn zu einem jungen, »aufgeklärten« Reformrabbiner.
»Herr Rabbiner, ich hab' gekauft einen Maserati ...«
»Was Sie nicht sagen! Am Ende das neue Modell: elfenbeinweiß, mit roten Polstern, zweihundertvierzig Kilometer? Ja? Darf ich einmal mitfahren?«
»Gewiss, Herr Rabbiner, aber vorher wollen Sie sprechen über den Wagen eine Broche.«
»Broche – was ist das?«

CHESKIEL aus Chelm kommt nach Berlin. Er sucht nach einem Klosett, geht in ein Café, der Kellner zeigt ihm die Tür, Cheskiel geht hinein: ringsum Spiegel, Glas, Marmor, Porzellan – so etwas hat er noch nie gesehen. Er denkt, man will ihn zum Narren halten, und geht weiter.
Schließlich hat er eine Idee: Er kauft eine Tüte Obst, isst es auf, erledigt sein Bedürfnis in einem dunklen Torein-

gang in den Papiersack und schaut sich um, wohin er ihn wegwerfen kann.

Da tritt ein Polizist auf ihn zu und fragt: »Was tragen Sie da?«

»Äpfel.«

»Wo haben Sie die gekauft?«

Der Chelmer deutet aufs Geratewohl auf einen Lebensmittelladen gleich gegenüber. Der Polizist, freundlich warnend: »Sie müssen aufpassen, in dem Laden wiegt man immer falsch. Wie viel haben Sie gekauft?«

»Zwei Pfund.«

»Kommen Sie, wir werden sehen, wie man Sie beschwindelt hat.«

Der Chelmer hat keine Wahl, er muss mitgehen. Der Obsthändler bestreitet, diesem Mann etwas verkauft zu haben. Der Polizist beharrt auf der Gewichtskontrolle – siehe da, die Tüte wiegt kaum ein Pfund! Großer Krach. Der Händler protestiert wütend gegen die Unterstellung, mit dem Kauf etwas zu tun zu haben; Cheskiel versucht vergeblich, sich heimlich zu verdrücken. Schließlich schaut der Polizist in die Tüte hinein, und voller Zorn nimmt er den Chelmer mit zur Wache, wo er wegen groben Unfugs 20 Mark Strafe zahlen muss … Heimgekehrt nach Chelm, wird Cheskiel befragt, wie es ihm in Berlin gefallen habe.

»Eine schöne Stadt«, bestätigt er seufzend, »aber kackst du weniger als zwei Pfund, dann zahlst du 20 Mark Strafe.«

EIN Schnorrer hat von einem Bankier etwas Geld bekommen. Als der Bankier mittags ein feudales Restaurant betritt, sieht er den Schnorrer dort Lachs mit Mayonnaise essen.
Er tritt auf den Schnorrer zu und sagt zornig: »Das geht zu weit! Erst schnorren Sie mich an – und dann sitzen Sie hier und essen Lachs mit Mayonnaise?!«
Der Schnorrer: »Ja, was wollen Sie von mir? Hab' ich kein Geld, dann *kann* ich keinen Lachs mit Mayonnaise essen; habe ich Geld, dann *darf* ich keinen Lachs mit Mayonnaise essen – wann also *soll* ich Lachs mit Mayonnaise essen?«

POLIZIST in Wien hält zwei arme galizische Juden an und fragt streng den einen: »Wo wohnen Sie?«
Der Jude: »Wo kann ein armer Jude auf der Durchreise in Wien schon wohnen!«
Polizist zum zweiten: »Und Sie?«
Der zweite Jude: »Ich bin sein Nachbar.«

NACHTS um ein Uhr klopft es an den Fensterladen. Der Hausherr öffnet erschrocken. Draußen steht ein Schnorrer. »Ihr bettelt mitten in der Nacht?«, schreit der Hausherr.
Der Schnorrer: »Beruhigt Euch! Ich bettle auch am Tag.«

EIN Jude wandert auf der Landstraße. Ein Bauernwagen kommt ihm entgegen. Der Jude fragt den Bauern: »Wie weit ist es von hier bis zum Dorf Szatymazi?«
»Eine halbe Stunde.«
»Darf ich mitfahren?«
»Bitte.« Sie fahren eine halbe Stunde. Der Jude wird unruhig:
»Wie weit ist es denn jetzt noch bis Szatymazi?«
»Eine gute Stunde oder so.«
»Was?! Voriges Mal sagten Sie, eine halbe Stunde, und eine halbe Stunde fahren wir doch bereits!«
»Wir fahren in die entgegengesetzte Richtung.«

KOHN am Bahnschalter: »Die Karte ist zu teuer! Lassen Sie mir doch etwas vom Fahrpreis nach!«
Der Schalterbeamte wird zornig. Kohn versucht noch einmal, etwas abzuhandeln. Inzwischen ist der Zug abgefahren.
Kohn, triumphierend: »Sehen Sie! Das haben Sie jetzt davon!«

KRAKOWER: »Bitte eine Fahrkarte nach Hamburg!«
Schalterbeamter: »Über Uelzen oder über Stendal?«
Krakower: »Über Pessach *[jüdische Ostern]*.«

EINEM Juden fährt der Zug vor der Nase davon. Der Jude, verächtlich: »Kunststück!«
Varianten:

1. **DER** Jude zum Zug: »Was rennst du? Ich wollte ohnehin nicht mitfahren!«
2. **DER** Jude, bitter: »Nichts wie Antisemitismus!«

IN einem Zugabteil erster Klasse sitzt ein Jude einem schlafenden Offizier gegenüber. Plötzlich wird ihm schlecht, und er erbricht sich auf die Uniform des Offiziers.
Er erschrickt tödlich, dann aber fasst er sich, beginnt, den Offizier eifrig abzuwischen, weckt ihn auf und fragt teilnahmsvoll: »Ist Ihnen schon besser?«

ZUGABTEIL. Ein Hauptmann und ein Jude sitzen einander gegenüber. Der Jude nimmt aus der Rocktasche ein Zigarrenetui, holt eine Zigarre heraus, steckt das Etui ein, schneidet die Zigarrenspitze ab, steckt sich die Zigarre in den Mund und nimmt eine Streichholzschachtel heraus.
Als das Streichholz aufflammt, springt der Hauptmann hoch, reißt dem Juden die Zigarre aus dem Mund und wirft sie in hohem Bogen aus dem Fenster.
Der Jude. »Was erlauben Sie sich?«
Hauptmann: »Hier wird nicht geraucht!«
Jude: »Aber ich habe ja gar nicht geraucht!«
Hauptmann. »Hier werden auch keine Vorbereitungen getroffen!«
Kurz darauf nimmt der Hauptmann eine Zeitung hervor und faltet sie auseinander. Eben will er anfangen zu

lesen, da reißt ihm der Jude die Zeitung aus der Hand und wirft sie ebenfalls aus dem Zug.
Der Hauptmann: »Was erlauben Sie sich?«
Der Jude: »Hier wird nicht gesch…en!«
Hauptmann: »Aber ich habe doch gar nicht gesch…en!«
Jude: »Hier werden auch keine Vorbereitungen getroffen!«

DAS Hotel ist überfüllt. Der Portier verweist Itzig auf ein Zimmer, in welchem schon ein zweiter Gast schläft. Itzig zum Fremden:
»Darf ich das zweite Bett in Ihrem Zimmer haben?«
Der Fremde: »Sie dürfen. Aber ich mache Sie aufmerksam, dass ich furchtbar schnarche.«
Itzig: »Das macht nichts. Ich bin Nachtwandler …«
Der Fremde, am andern Morgen: »Sie haben ja die ganze Nacht still gelegen!«
Itzig: »Ich bin gar kein Nachtwandler. Aber ich wusste, wenn ich es Ihnen sage, dann werden Sie die ganze Nacht wach bleiben, um auf mich Acht zu geben, und folglich nicht schnarchen.«

ZWEI Juden im eifrigen Gespräch. Plötzlich fällt einer von ihnen in einen offenen Kanalschacht. Der andere merkt es nicht, geht redend weiter, merkt es dann doch, geht zurück und findet seinen Genossen im Kanal stecken: »Bist du da hinuntergefallen?«
»No na – wohnen werd' ich da!«

BLAU sitzt im Bahncoupé einer Dame gegenüber. Da entfährt ihm peinlicherweise ein bestimmter Laut.
»Gott, wie roh!«, ruft die Dame entsetzt.
»No na, kochen werd' ich ihn für Sie!«, sagt Blau.

»**GESTERN** hatte mein Chef Jubiläum. Alle haben ihm den Hof gemacht. Ich aber habe ihm in einem Brief erklärt, dass ich ihn verabscheue, dass in Wirklichkeit alle andern ihn auch verachten und für einen Ausbeuter und Lumpen halten, dass ich in den zwanzig Jahren, die ich bei ihm arbeite, noch nicht einen anständigen Zug an ihm entdeckt habe ...«
»Aber um Gottes willen! Sobald er den Brief bekommt, wirft er dich sofort hinaus!«
»Wie soll er ihn denn bekommen? Glaubst du etwa, ich bin so verrückt, einen solchen Brief abzuschicken!«

GRÜN kommt ins Stoffgeschäft von Blau: »Blau, ich brauch einen hübschen Sommerstoff für meine kleine Rachel. Aber du musst mir garantieren, dass er beim Waschen nicht eingeht.«
»Nimm den da! Ich garantiere!«
Nach einer Woche wird das Kleidchen gewaschen und geht sehr stark ein. Grün führt die kleine Rachel im eingegangenen Kleidchen ins Geschäft zu Blau. Blau wirft einen Blick auf das Kind und ruft entzückt: »Ach, die liebe Kleine! Wie ist sie gewachsen!«

CHEF zum neuen Reisenden: »Sie nehmen den Frühzug, bringen sich in Neutomischl im Hotel in Ordnung, lassen sich heiße Bouillon servieren; dann gehen Sie zum alten Auerbach, fragen ihn, wie er mit dem letzten Posten Seidenstrümpfe zufrieden war, legen ihm die Muster vor, machen ihn aufmerksam, dass wir ein ganz neues Farbsortiment und dennoch sehr günstige Preise haben, nehmen die Bestellung auf, und am Nachmittag telegrafieren Sie mir den Erfolg.«
Der Jüngling reist ab, aber am Nachmittag kommt kein Telegramm. Es wird Abend, es wird Nacht – der Chef ist außer sich.
Da endlich der Telegrammbote! Hastig reißt der Chef den Umschlag auf und liest: »In ganz Neutomischl keine Bouillon aufzutreiben. Was tun?«

LADENCHEF zum neuen Lehrling: »Man lässt nie einen Kunden hinausgehen, bloß weil man nicht genau den Artikel führt, den er wünscht. Man bietet einen Ersatz an!«
Ein Kunde wünscht Klosettpapier.
»Das ist uns ausgegangen«, sagt der Lehrling bedauernd.
Doch die Lehre des Chefs ist bei ihm auf fruchtbaren Boden gefallen, und er fährt fort: »Wir können Ihnen aber stattdessen ein ausgezeichnetes Schmirgelpapier anbieten.«

»**MIR** geht es sehr schlecht. Ich weiß oft nicht, was ich essen soll.«
»Herr Pischauer, von was leben Sie eigentlich?«
»Nun: Wenn ein Fackelzug, eine Prozession oder so etwas stattfindet, vermiete ich die Plätze an den Fenstern meiner Wohnung.«
»Wo wohnen Sie eigentlich?«
»In der Kleinen Mohrengasse.«
»Aber da geht doch nie ein Fackelzug vorbei!«
»Jetzt können Sie sich vorstellen, wie schlecht es mir geht.«

VERTRETER zum Gastwirt: »Kaufen Sie doch von diesem wundervollen Rotwein. Ich gebe Ihnen Rabatt und ...«
»Ich brauche keinen Rotwein.«
»Wenn Sie aber einmal kosten ...«
»Ich bin eingedeckt.«
»Riechen Sie doch an der Flasche!«
»Noch ein Wort, und ich werfe Sie die Treppe hinunter.«
»Aber dieser Rotwein ...«
Der Wirt macht seine Drohung wahr, und der Vertreter bleibt lange unten an der Treppe liegen. Dann klettert er mühsam wieder in die Schankstube und sagt zum Wirt: »So weit zum Roten. Und wie ist es mit dem Weißen?«

»ICH habe Schulden! Ich kann vor Sorgen keine Nacht schlafen!«
»Wie hältst du das aus?«
»Ich schlafe bei Tag!«

EIN kleinstädtischer Jude handelte vier Meter Wollstoff ein und brachte sie zu einem einheimischen Schneider, er solle ihm einen Anzug für die Feiertage nähen. Der Schneider maß die Ware und brach in Gelächter aus: »Von diesem bisschen Tuch da wollt Ihr einen Anzug haben? Ihr haltet mich offenbar für einen Zauberkünstler?«
Da ging der Jude zu einem zweiten Schneider, und dieser nähte ihm ohne jede Widerrede einen Anzug.
Am Feiertag sieht der Jude in Bethaus, dass auch des Schneiders Junge einen neuen Anzug vom selben Stoff trägt.
Wendet sich der Jude an den ersten Schneider mit der Frage: »Was soll das heißen? Ihr habt gesagt, der Stoff werde nicht ausreichen, und da sehe ich, dass jener Schneider genug hatte, sogar sein Söhnchen zu bekleiden!«
Der erste Schneider: »Stimmt! Ich aber habe Zwillinge.«

GAST zum Kellner, der das Kotelett mit der Hand auf dem Teller festhält: »Sie Schwein!«
Kellner: »Na, wollen Sie vielleicht lieber, dass es mir noch einmal vom Teller auf den Boden rutscht?«

EIN kinderreicher Witwer hatte eine kinderreiche Witwe geheiratet. Gemeinsam hatten sie abermals mehrere Kinder.
Dem heimkommenden Mann schallt ein Höllenkrach entgegen.
»Was ist los?«, fragt er erschrocken seine Frau.
»Das Übliche«, beruhigt sie ihn, »meine Kinder und deine Kinder prügeln unsere Kinder.«

ZUM jüdischen Medizinprofessor Finger, Haut- und Geschlechtskrankheiten, kommt eine Stenotypistin. Fingers Diagnose: »Ja, Fräulein, das ist eine Gonorrhö.«
Das Mädchen: »Das muss wohl davon kommen, dass ich mich heftig an einem Schreibtisch gestoßen habe.«
Finger: »Na, es wird wohl ein Sekretär gewesen sein.«

HERR und Frau Zauberspruch vor einer antiken Statue.
»Alabaster?«, fragt Zauberspruch den Museumsdiener.
Die Frau: »Blamier dich nicht! Im Katalog steht: ›Venus‹.«

FRAU Pollak: »Apropos, Herr Professor, Sie sind doch Geograf? Bitte, sagen Sie mir, wie ich meine Reiseroute in Italien legen muss, dass ich über Flagranti komme. In Flagranti scheint immer so viel los zu sein, da muss ich unbedingt hin!«

FRAU *Pollak kommt zum Hausarzt mit zerschlagener Nase. Dieser wundert sich: »Gnädige Frau, was ist Ihnen geschehen?« Frau Pollak: »Nu, wie ich das letzte Mal bei Ihnen war und mich beklagt habe über ein Wimmerl auf der Nase, haben Sie geraten zu nehmen Toilettewasser. Das habe ich getan, und dabei ist mit der Deckel auf die Nase gefallen.«*

T. GAY

ZWEI Emigranten auf Stellensuche in London sehen ein Inserat, dass man einen Butler sucht, »should also serve at table«. Sie beschließen, ihr Glück zu versuchen.
Der erste geht hin, kommt zurück und meldet: »Fast hätte ich die Stelle bekommen. Zuerst hat die Dame gesagt, ich werde in einer Livree mit Kniehosen und Socken servieren. Deshalb verlangte Sie: ›Let me see your legs!‹ – Ich habe das Hosenbein aufwärts geschoben, und sie war zufrieden. Dann sagte die Lady, ich werde bei Cocktailpartys manchmal ein Tablett mit Erfrischungen über den Kopf der Gäste balancieren müssen. Sie verlangte deshalb: ›Let me see the muscles of your arms!‹ – Ich habe den Oberarm frei gemacht, und sie war zufrieden. Sie sagte, dass sie es gern mit mir versuchen möchte, und verlangte abschließend: ›Let me see your testimonials!‹ … Und da hab ich vielleicht a Fehler gemacht, denn sie hat mich hinausgeworfen.«

ZU den Olympischen Spielen will der Papst eine Fußballmannschaft des Vatikans antreten lassen. Um sie aufzubessern, verpflichtet er Uwe Seeler, ernennt ihn kurzerhand zum Monsignore, und Seeler – Pardon: Monsignore Seeler! – kann für den Vatikan spielen.
Nach Beendigung des Spiels erkundigt sich der vatikanische Nuntius: »Na, wie war's?«
»Verloren gegen die Israelis.«
»Aber wie konnte das passieren? Bei uns hat doch immerhin Monsignore Seeler gespielt!«

»Ja, aber der Rabbiner Beckenbauer war halt noch besser.«

DER alte Krautsalat hat angefangen, mit sich selber zu reden. Die Söhne sind beunruhigt und bringen den Arzt. Krautsalat, erbittert: »Zum ersten Mal in meinem Leben unterhalte ich mich mit einem vernünftigen Menschen – und da will man mir einreden, ich sei verrückt!«

DIE Mutter: »Schau, wie mein Moritzl mich liebt! Er schreibt mir, dass er jeden Tag zum Psychoanalyten geht und eine volle Stunde damit verbringt, von mir zu reden!«

WIRT: »Wie habt Ihr geschlafen?«
Gast: »Schrecklich! Auf dem Bett war eine tote Wanze!«
Wirt: »Wenn sie tot war, konnte sie Euch ja nichts antun!«
Gast, erbittert: »Ja, aber das Leichengeleit hättet Ihr sehen müssen, das ihre lebenden Verwandten ihr ga-ben!«

INS Café kommt einer, ergreift ein leeres Glas und isst es auf, spaziert dann die Wand hinauf, die Decke entlang, die andere Wand wieder hinab und geht schweigend hinaus.
Ein Gast kann sich darüber gar nicht beruhigen.
Ein anderer Gast: »Ach, den kenn ich schon! Der macht das immer so! Kommt und geht ohne Gruß!«

EIN *Jude kauft in der Drogerie Mottenkugeln.
Nach einer Stunde ist er wieder da und verlangt noch ein Kilo Mottenkugeln.
Nach ein paar Stunden will er schon wieder zwei Kilo Mottenkugeln haben.
Der Drogist: »Wozu brauchen Sie so viele Mottenkugeln?«
»No – was glauben Sie – bis man so ein Vieh trifft!«*

P. GAY

EIN Sportschwimmer hat bei Calais den Ärmelkanal durchquert. Als er an Land steigt, umringen ihn jubelnde Massen.
Ein Jude tritt interessiert auf den Schwimmer zu und fragt: »Wussten Sie nicht, dass hier ein Dampfer verkehrt?«

FEINBERGS in New York sind sehr reich geworden und in ein herrliches Villenquartier hinausgezogen. Frau Feinberg ist berühmt für ihre reizenden Cocktailpartys. Besonders ihre Kaviarbrötchen genießen große Beliebtheit.
Einmal gibt Frau Feinberg eine Cocktailparty an einem Sonntag. Da tritt der Butler auf sie zu und flüstert ihr zu, dass die Kaviarvorräte gleich erschöpft sein werden, am Sonntag ist aber nirgends in der Nähe ein Delikatessgeschäft offen. Frau Feinberg denkt einen Augenblick nach und flüstert dann zurück: »Gehen Sie in den obern Stock in Herrn Feinbergs Jagdzimmer, entleeren sie den Vogelschrot aus allen geladenen Flinten und mischen Sie ihn unter den Kaviar. Und dann hoffen wir halt das Beste …«
Der Butler bringt die neuen Platten mit Kaviarbrötchen herein, und sie finden genauso regen Zuspruch wie die vorhergehenden.
Dann aber nimmt eine der Damen Frau Feinberg beiseite und gesteht verlegen: »Als ich vorhin in den Nebenraum ging, um mir die Nase zu pudern, wollte ich mir

zugleich die Schuhe besser zuschnallen – und da entfuhr mir ein Wind.«

»Macht nichts«, tröstet Frau Feinberg, »vergessen Sie es!«

»Ich weiß«, sagt die Dame, »dass *das* nichts macht – aber ich erschoss dabei Ihre Katze!«

Männer und Frauen,
Frauen und Männer

VIKTUALIENMARKT *in Jerusalem. Frau Blau will ein Huhn kaufen. Sie betastet Stück für Stück die fertig gerupften Exemplare, schnuppert kritisch unter den Flügeln und Schenkeln … »G'weret [Madame]«, protestiert der Händler gekränkt, »sind Sie sicher, dass Sie selber einen solchen Test bestehen würden?«*

EIN hübsches Fräulein rettet sich nach einem Schiffbruch auf eine einsame Ozeaninsel, wo seit Jahren ein Jude ein Robinson-Crusoe-Dasein führt. Sie bejammert ihr Schicksal, der Jude tröstet sie: »Sehen Sie, Fräulein, hier ist es schön, ruhig, der weite Blick aufs Meer, das milde Klima, die herrlichen Früchte und Gesellschaft haben Sie ja auch bei mir – das ist doch allerhand, was ich Ihnen zu bieten habe!«
Das Fräulein, schalkhaft: »Na, na, ich habe schließlich auch etwas mitgebracht, was Sie seit Jahren sicher schmerzlich vermissen!«
Der Jude, plötzlich lebhaft: »Was, Sie haben Mazzes *[Osterbrot]*?«

BAHNGESPRÄCH.
»Wohin fahren Sie?«
»Nach Wien. Meine Schwiegermutter ist dort gestorben.«
Der andere, anerkennend: »Wien is a Stadt!«

»MEIN Kassierer, der mit meiner Tochter und Kasse durchgebrannt ist, scheint allmählich zu bereuen.«
»Wieso, hat er das Geld zurückgegeben?«
»Nein, aber die Tochter hat er bereits retourniert.«

KOHN sitzt im Café beim Kartenspiel. Seine Frau kommt, ihn heimzuholen. Sie versucht ihn zu rühren: »Die Kinder weinen, wollen nicht ins Bett …«

Nichts hilft. Da sagt die Frau weinend: »Du hast ka Herz!«
Kohn fährt wütend herum: »Was verrätst du mei Blatt!«

HERSCH stellt seine Frau dem David vor.
David nimmt ihn beiseite und flüstert: »Was ist dir eingefallen, so etwas Mieses zu heiraten? Ein knochiges Gestell und ein sauertöpfiges langes Gesicht und fast keine Haare, und halb blind scheint sie auch zu sein!«
Hersch: »Du kannst ruhig laut reden: Taub ist sie auch.«

»EINS gefällt mir an Frau Bloch! Dass sie nicht meine Frau ist!«

KOHN trifft seinen Freund Grün in Venedig. »Was machst du da?«, fragt er neugierig.
»Ich bin auf der Hochzeitsreise.«
»Gratuliere! Und wo ist deine Frau?«
»Na hörst du! Jemand muss doch im Geschäft bleiben!«

ZWEI Herren spielen im Café Schach. Ein dritter schaut seit vielen Stunden zu.
Die beiden haben eine Meinungsverschiedenheit und rufen den dritten als Schiedsrichter an – da zeigt sich, dass er keine Ahnung hat vom Schachspiel! Die beiden: »Wie könnt Ihr dann stundenlang dasitzen und zuschauen?!«
Der dritte, traurig: »Ihr kennt nicht mein Weib!«

GEFLÜSTERTES Bahngespräch:
»Jossel – ist die Dame neben dir deine Frau?«
»Jawohl.«
»Was machst du dich lächerlich und schleppst dieses Menuwel *[Scheusal]* mit auf die Geschäftsreise? Hast du vielleicht Angst, in deiner Abwesenheit könnte man sie verführen?«
»Unsinn! Aber ich konnte und konnte mich nicht entschließen, sie zum Abschied zu küssen.«

DIE Eltern haben den jungen frommen Jeschiwe-Bocher verlobt. Ein Freund trifft ihn: »Ich habe gehört, du bist verlobt! Es kommt dir ein Maseltow *[Glückwunsch]*!«
»Ach, lass mich in Ruh, mir kommt kein Maseltow«, stöhnt der Bocher. »Ich habe schlaflose Nächte. Ich soll heiraten – und ich habe keine Ahnung, was man da macht!«
»Bist du aber dumm!«, sagt der Freund. »Schau auf das Dach hinauf! Da stehen zwei Tauben, die sich gerade lieben. Und dort auf dem andern Dach! Da lieben sich zwei Katzen! Das ist doch keine Kunst! Das wirst du doch auch noch können!«
Zwei Monate später treffen sich die beiden wieder: »Ich habe gehört, du hast geheiratet? Es kommt dir ein Maseltow!«
»Ach«, stöhnt der Bocher. »Lass mich in Ruh! Mir kommt kein Maseltow! Die Frau ist vom Dach gefallen!«

DREI Juden unterhalten sich: »Ich bin schon sechzig Jahre alt, aber meinen ehelichen Pflichten kann ich noch zwei-, dreimal in der Woche nachkommen!«, und er klopft rasch mit einem »toi-toi« auf den Tisch.
»Ich bin fünfundsechzig«, sagt der zweite, »aber etwa einmal in der Woche kann ich das Vergnügen auch noch haben!«, und er klopft ebenfalls schnell auf den Tisch.
Der dritte, siebzig Jahre alt, seufzt und sagt: *»Klopfen* kann ich auch.«
Variante:

»**BEI** mir geht es noch zweimal im Jahr: einmal im Winter und einmal im Sommer.«
»Und wie war es diesen Sommer?«
»Nu – hatten wir denn überhaupt einen!«

BERLINERBLAU erwischt seine Gattin mit seinem Freund. »Ruchlose!«, schreit er. »Ich weiß alles!«
Die Gattin: »Aufschneider! Wann zum Beispiel hat Saul die Philister geschlagen?«

HIRSCHFELD kommt während der Geschäftszeit unerwartet nach Hause geeilt. Er rennt an seiner tödlich verlegenen Gattin vorbei ins Schlafzimmer, reißt die Schranktüre auf – und sieht sich seinem Kompagnon Blau gegenüber!
»Was in aller Welt machst du hier?«, fragt er verdattert.
Blau: »Du wirst lachen, ich warte auf die Trambahn.«

»HALLO, Zuckerkand, du gehst ins Geschäft: Weißt du wirklich nicht, dass deine Frau um diese Stunde regelmäßig einen jungen Offizier empfängt?«
Zuckerkand rennt sofort heim, poltert in die Wohnung, vorbei an seiner erschrockenen Frau, sucht in allen Zimmern herum und schreit fortwährend: »Hier ist er nicht ... hier ist er auch nicht!« Schließlich reißt er einen Kleiderschrank auf – da steht der Offizier drin und hebt die Pistole! Sofort wirft Zuckerkand die Kastentüre wieder zu, schließt sie ab und schreit: »Hier ist er auch nicht!«

ZOBEL prahlt, wie schön seine Frau sei. Ein Freund: »Weißt du wirklich nicht, dass deine Frau dich mit vier Liebhabern betrügt?«
»Na und? Ich bin lieber beteiligt mit zwanzig Prozent an einer guten Sache als mit hundert an einer miesen.«

FRAU Dreyfus erwartet in wenigen Wochen ein Kind. Sie sagt zu ihrem Mann: »Isidor, in meinem Zustand kann ich dir nicht erlauben, mir zu nahe zu kommen. Aber ich bin eine verständnisvolle Frau. Hier, nimm fünf Mark und geh in ein Bordell!«
Isidor, tief gerührt über die Fürsorge seiner Frau, nimmt die fünf Mark und eilt davon. Auf der Treppe begegnet ihm Frau Worms, die einen Stock tiefer wohnt.
»Wohin so eilig, Herr Dreyfus?«
Dreyfus erzählt ihr, was für eine liebevolle Frau er hat.
»Aber Herr Dreyfus!«, sagt Frau Worms. »Was wollen Sie

zu den schlechten Weibern gehen! Kommen Sie lieber zu mir und geben Sie mir die fünf Mark! Ich bin eine gute Freundin Ihrer Frau und tu Ihnen beiden gern den Gefallen!«
Dreyfus ist einverstanden. Als er nach einer halben Stunde wieder heimkommt, fragt die Frau verwundert:
»So schnell?«
Isidor erzählt ihr, was ihm begegnet ist.
»Und hast du ihr die fünf Mark wirklich gegeben?«, fragt die Frau.
»Aber natürlich!«
»Pfui«, sagt die Frau entrüstet, »das hätte ich nicht gedacht! Wenn Worms zu mir kommt, gibt er mir nie etwas!«

DIE Frau kommt zum Rabbiner. Sie will sich scheiden lassen.
»Weshalb denn?«, will der Rabbiner wissen.
»Ich habe den Verdacht«, äußert sie finster, »der letzte Sohn ist nicht von ihm.«

WEISS sollte geschäftlich wegfahren – er traut sich nicht, weil er befürchtet, dass seine Frau ihn dann mit Blau betrügen wird. Schließlich duldet die Sache keinen Aufschub – bevor er aber wegfährt, bringt er im ehelichen Schlafzimmer eine automatische Kamera an. Nach der Rückkehr entwickelt er sofort die Bilder – seine ärgsten Befürchtungen sind übertroffen. Wutschnaubend eilt er zu Blau: »Herr Blau, haben Se mer nix zu sagen?«

»Nicht, dass ich wüsste.«

»Dann schaun Sie sich einmal *das* an!« Er zieht den Film aus der Tasche, rollt ihn auseinander und hält ihn gegen das Licht.

»Herr Blau, haben Se mer immer noch nix zu sagen?«

Blau deutet mit dem Finger auf einige Negative: »Von der – und von der – und von der mecht ich a Vergreeßerung!«

JANKEL war in Paris. Als er nach Lemberg zurückkommt, fragen ihn die Freunde neugierig: »Wie war's? Wie sind die Pariserinnen? Sind sie so ähnlich wie unsere Lembergerinnen?«

»Wie könnt ihr nur vergleichen!«, ruft Jankel empört aus.

»Ich war mit einer Pariserin zusammen. Ich weiß Bescheid!«

»Erzähl schon!«

»Also: Sie hatte ein Schultercape aus Goldstoff – so etwas findet ihr in ganz Lemberg nicht! Und als sie das Cape ablegte, hatte sie darunter eine Bluse aus rosenfarbenem Seidenflor – durchsichtig wie Glas! Und ihr Rock war bedeckt mit glitzernden Pailletten, dass einem beim Hinschauen die Augen wehtaten … Dann legte sie den Rock ab, und sie trug Dessous mit Brüsseler Spitzen, lila mit Silberfäden … Und an den Strumpfbändern hatte sie eine Rosette aus Rubinen … Dann zog sie die Dessous und die Strumpfbänder aus …«

»Nu – und weiter?«

»Weiter? Weiter war es dann genau wie in Lemberg.«

DEUTSCHSTUNDE. Jedes Kind soll eine schöne Geschichte erzählen. Moritzl tritt vor, sagt »ausgeblieben« und setzt sich wieder.

Lehrer: »Das ist doch keine schöne Geschichte!«

Moritzl: »Doch, Herr Lehrer! Gestern hat unser Kinderfräulein meinem Vater zugeflüstert ›ausgeblieben‹, und da hat er gesagt: ›Das ist eine schöne Geschichte!‹«

SCHULE. Der Geschichtsprofessor erzählt von der Gründung Roms und den sieben etruskischen Königen. Sami Weintraub schwätzt und passt nicht auf. Der Professor, erbost zu Weintraub: »Sie da! Wie viel etruskische Könige gab es in Rom und wie heißen sie?«

Weintraub: »Sieben, und ich heiß Weintraub.«

BEI einer Gesellschaft verzog sich Max Liebermann in ein menschenleeres Zimmer. Mittlerweile war auch der Pianist und Komponist Eugen d'Albert mit seiner vierten Frau (er heiratete später noch weitere dreimal) gekommen. Der Hausherr stöberte Liebermann in seiner Ecke auf und fragte ihn: »Wollen Sie nicht die junge Frau von Eugen d'Albert kennen lernen?«

Darauf Liebermann: »Nee, die überspring' ick mal!«

MORITZL: *»Papa, wie bin ich auf die Welt gekommen?«*
»Der Storch hat dich gebracht.«
»Und dich? Und den Großpapa?«
»Uns hat auch der Storch gebracht.«
Schulaufsatz Moritzls: »Nach beglaubigter Aussage meines Vaters hat in unserer Familie seit drei Generationen kein Geschlechtsverkehr stattgefunden.«

T. GAY

FÜRSTENBERG war bei einem frisch geadelten Bankier zum Diner eingeladen. Nach dem sehr reichlichen Essen sah er sich gezwungen, sich für einen Augenblick an einen »stillen Ort« zurückzuziehen. Er vergaß, den Riegel vorzuschieben.
Wer beschreibt seinen Schrecken, als sich plötzlich die Tür öffnet und die Dame des Hauses an der Schwelle steht? Ein Schrei aus ihrem Mund und die Tür fliegt wieder zu … Nachher bittet Fürstenberg den Herrn des Hauses für einen Augenblick auf die Seite und beichtet ihm zerknirscht sein Missgeschick. Dieser tröstet ihn: »Lassen Sie sich deshalb keine grauen Haare wachsen!«
»Tu' ich auch nicht«, versichert Fürstenberg, »mich quält nur eins. Ich bin ein gewöhnlicher Bürgersmann und in der Adelsetikette nicht so bewandert. Sagen Sie bitte: Ist es in Ihren Kreisen üblich, in solchen Fällen einen Gegenbesuch zu machen?«

MOISCHE verlangt Urlaub: »Mein Weib ist in Erwartung!«
Sein Kamerad begleitet ihn zum Autobus und sagt: »Leb wohl! Alles Gute! Wann soll denn das freudige Ereignis eintreten?«
Sagt Moische: »Sch! Nicht so laut! Ich weiß es nicht genau. Ich nehme an: neun Monate nach meiner Rückkehr.«

KERZENSCHEIN: »Naftali, du bist doch ein gebildeter Mensch. Kannst du mir erklären, was das ist: Sodomie?«

»Gern. Das ist Sex mit Tieren. Zum Beispiel mit einem Schaf.«

»Interessant.«

»Oder mit einem Maultier.«

»Toll!«

»Oder mit einem Huhn.«

»Mit einem Huhn?! Pfui!«

Aufs Geld schauen

WUSSTEN Sie schon, wie die Zehn Gebote an die Juden gekommen sind? Das war so: In der uralten Zeit kam ein Engel aus dem Himmel und landete bei den Deutschen: »Liebe Leute, Jungfrauen und Ritter! Ich komme zu euch mit zehn Geboten, die der große Gott euch allen schickt. Das erste Gebot lautet ›Du sollst nicht töten‹, das zweite …«

»Waaaas! Zu uns kommst du mit einem Gebot, nicht zu töten?! Zu uns, den kriegerischen Rittern!? Hinaus mit dir! Verschwinde!«

Der Engel fliegt weiter und landet bei den Russen: »Ihr Brüderchen, ich habe für euch die Zehn Gebote mitgebracht, die euch Gott schickt. Sie lauten: ›Du sollst nicht töten‹, ›Du sollst dich nicht betrinken‹, ›Du sollst …‹«

»Waaaas! Zu uns kommst du mit solchem Quatsch: ›Du sollst dich nicht betrinken‹?! Hinaus mit dir!«

Enttäuscht fliegt der Engel weiter und landet bei den Rumänen: »Gott schickt mich zu euch mit den Zehn Geboten. Ich will sie euch vorlesen: ›Du sollst nicht töten‹, ›Du sollst dich nicht betrinken‹, ›Du sollst nicht stehlen‹, ›Du sollst …‹«

»Was?! Hör mal, Kleiner, wem sagst du da, dass er nicht stehlen soll? Einem Rumänen? Ha, ha, ha! Geh ’raus! Fort mit dir! Verschwinde!!«

Traurig fliegt der arme Engel weiter und landet bei den Juden: »Hört zu, Leute! Ich bringe euch zehn Gebote, die der große Gott den Menschen schickt. ›Du sollst nicht töten‹, ›Du sollst nicht stehlen‹, ›Du …‹«
»Lass das, lass das! Sag uns zuerst einmal, was die Sache kosten soll!«
»Das kostet doch nichts! Gar nichts! Es ist umsonst!«
»Umsooonst? Dann gib sie her!«

EIN Schnorrer bekommt jeden Monat bei einem reichen Mitbürger einen Gulden. Als er wieder einmal kommt, sagt die Köchin: »Stört ihn nicht, er feiert gerade die Hochzeit seiner Tochter.«
Schnorrer, empört: »Ich soll ohne meinen Gulden weggehen? Auf *meine* Kosten will er die Tochter verheiraten?!«

»**GEBT** mir doch wenigstens einen Groschen!«
»Einem gesunden Kerl wie dir gebe ich kein Almosen.«
»Soll ich mir Eurer paar Kupfermünzen wegen Arme und Beine brechen und ein Krüppel werden?«

»**ICH** möchte ausschauen wie Sie und Rothschilds Vermögen dazu haben!«
»Schmeichler!«
»Unsinn! Ich meine: Wenn ich Rothschilds Vermögen hätt', wär es mir gleich, wenn ich tät ausschauen wie Sie!«

BITTSTELLER: »Bitte, Herr Kommerzienrat, leihen Sie mir Ihr Ohr doch nur für fünf Minuten!«
Der Kommerzienrat, eilig und zerstreut: »Gut, aber nur gegen unbedingte Sicherheit und sechs Prozent Zinsen!«

EIN Schnorrer kommt in das Palais Rothschild. Der Portier hört sich seine Bitte an, schreibt etwas auf einen Zettel und schickt den Schnorrer mit dem Zettel zum Kassier. Dieser schaut den Zettel an, notiert ebenfalls etwas darauf und schickt den Mann zum zweiten Sekretär. Dieser macht ebenfalls eine Notiz auf den Zettel und verweist den Schnorrer an den ersten Sekretär.
Von hier gelangt er zum Generalsekretär. Dieser wirft einen Blick auf den Zettel – und wirft den Schnorrer hinaus …
Draußen begegnet der Schnorrer einem Kollegen, welcher fragt: »Nu, wie war's? Hast du viel bekommen?«
Der erste Schnorrer, begeistert: »Nein, gar nichts, man hat mich sogar hinausgeworfen – aber eine Ordnung herrscht bei denen!«

»**REISE** mit Gott, mein lieber Sohn! Und wenn du ankommst, frankiere ein leeres Couvert und wirf es ein. Wenn ich es erhalte, werde ich wissen, dass alles in Ordnung ist.«
»Tate, ich werde lieber ein unfrankiertes Couvert einwerfen! Wenn du es bekommst, verweigerst du die

Annahme und weißt auch, dass ich gut angekommen bin!«

DER alte Menazbach, Inhaber eines bescheidenen Ladens, liegt im Sterben. Sein Augenlicht ist bereits fast erloschen. Die Familie umsteht ehrfürchtig sein Lager. Mit letzter Kraft beginnt Menazbach noch einmal zu sprechen: »Rifke, mein Weib, bist du da?«
»Ja, Kroinele!«
»Jakob, mein Sohn, bist du da?«
»Ja, Vater.«
»Lea, meine Tochter, bist du da?«
»Ja, Vater.«
»Rahel, meine Tochter, bist du da?«
»Ja, Vater.«
Da richtet sich der Alte mit letzter Kraft zornig auf und schreit: »Und wer ist im Geschäft?«

»**ICH** lege in meinem Geschäft jeden Tag drauf.«
»Lieber Himmel, wovon lebst du denn?«
»Nun – Samstag und Sonntag habe ich ja zu.«

EIN galizischer Millionär, Seide Grifl, fährt auf die Hochzeit seines Enkels nach Berlin. Es begleiten ihn zum Zug Verwandte, Freunde und Beamte. Ein Freund ruft ihm zu: »Eines ist mir nicht ganz klar: Ich verstehe, warum du dir ein Billett dritter Klasse gekauft hast: Du willst unterwegs mit Juden zusammen sein. Aber nach

Berlin ist es doch eine weite Strecke. Was also fährst du mit dem gewöhnlichen Zug und nicht mit dem Schnellzug?«
»Was ist da so schwer zu verstehen?«, antwortet Seide. »Es kostet weniger, und man darf länger fahren!«

SARA, eine neugierige Jüdin, fragt ihre Nachbarin: »Wovon lebt der junge Mann, der bei Euch wohnt?«
»Er schreibt – und es geht ihm sehr gut.«
»Was schreibt er? Lieder? Romane?«
»Nein, er schreibt Briefe an seinen reichen Vater.«

SAMI Grün trifft auf der Kärntnerstraße seinen alten Mathematiklehrer, und natürlich fragt ihn dieser, wie es ihm gehe.
»Ach, blendend, Herr Professor, ich bin Kaufmann.«
»Was, Kaufmann? Sie, der schlechteste Rechner der Klasse!«
»Ja, ich handle mit Holzsteigen. Einkaufen tu ich um einen Schilling und verkaufen um fünf, und von diesen vier Prozent kann ich ganz gut leben.«

DER Papa hat seinen herangewachsenen Sohn mit auf die Geschäftsreise genommen. Der Junge wundert sich, mit welcher Leidenschaft der Alte die Preise herunterdrückt.
»Wozu das?«, fragt er, »du wirst doch ohnehin nicht zahlen!«

»Das stimmt«, gibt der Alte zu, »aber die Leute tun mir leid: Ich will nicht, dass sie so viel an mir verlieren!«

BLOCH sitzt blass und stöhnend bereits das dritte Mal auf dem Karussell. Einer, der ihm zuschaut: »Wenn Ihnen schlecht ist, steigen Sie doch ab!«
Bloch: »Es geht nicht! Der Besitzer schuldet mir zweihundert Franc, und das ist die einzige Form, wie ich sie einkassieren kann.«

SIMON und Moritz waren zusammen im Theater. Als sie herauskommen, gibt Simon der Garderobenfrau zwanzig Pfennig, Moritz eine ganze Mark.
Simon: »Bist du verrückt geworden?«
Moritz: »Pst! Schau dir an den Pelz, den sie mir gegeben hat!«

PRINZIPAL zum Kassierer: »Hören Sie, letzte Woche finde ich Sie bei meiner Frau im Bett. Das hat mir schon nicht gefallen. Heute fehlen hundert Zloty in der Kasse. Wenn jetzt noch das Geringste vorkommt, sind Sie entlassen!«

EIN Jude bleibt auf der Straße plötzlich stehen, starrt auf das Straßenpflaster und sagt enttäuscht: »Der Schlag soll den treffen, der so spuckt wie ein Fünfkronenstück!«

FRAU Rosenzweig erhält von ihrem Gatten ein Telegramm: »Eintreffe 17.30 – Westbahnhof – mitbringe Klapperschlange.«
Die Frau ist pünktlich beim Zug, der Mann steigt aus, Begrüßung, die Frau mustert das Gepäck: »Wo ist die Klapperschlange?«
»Ach was, Klapperschlange! Es waren noch zwei Worte frei – ich werd doch der Post nix schenken!«

USA. Drei Jüdinnen reden über das Einkommen ihrer Söhne.
»Mein Sohn hat eine Textilfabrik und verdient 100 000 Dollar im Jahr.«
»Mein Sohn hat ein Geschäft mit zwanzig Filialen und verdient 200 000 Dollar im Jahr.«
Die dritte, bescheiden: »Mein Sohn verdient nur 5000 Dollar im Jahr.«
»Was ist er denn?«, fragen die zwei.
»Rabbiner.«
Wie aus einem Munde rufen die beiden andern: »Ist das ein Beruf für ein jüdisches Kind?«

DIE Jüdin geht mit dem Bübchen selber zur Carnegie Hall und fragt bei der Kasse: »Was kostet ein Billett für das Konzert von Jascha Haifetz?«
»Von 5 Dollar an aufwärts«, sagt der Herr an der Kasse.
»Siehst du!«, schreit sie zu dem Bübchen. »Wirst du nun üben!«

ETHIK. »Tate, was heißt Ethik?«

»Ich will dir geben ein Beispiel: Da kommt in mein Geschäft ein Kunde, kauft eine Ware um sechzig Schillinge und zahlt mit einem Hunderter. Wie ich hinschaue, hat er vergessen das Wechselgeld. Siehst du, jetzt beginnt die Ethik: Soll ich mir behalten das Geld – oder soll ich es teilen mit meinem Kompagnon?«

Nachwort

Als Salcia Landmann 1960 zum ersten Mal ihre Sammlung *Der jüdische Witz* veröffentlichte, ließ sich deren Erfolgsgeschichte nicht erahnen. Keine andere Zusammenstellung jüdischer Witze aus aller Herren Länder erreichte derart viele Leserinnen und Leser, und selbst ein Friedrich Torberg, der mit kaum verhohlener Missgunst den Siegeszug des Buches verfolgte, in einem langen Artikel Kritik an Salcia Landmanns Auswahl und ihrer philologischen Methode übte, vermochte am Erfolg des Buches nichts zu ändern.

Anfänglich deutete in Salcia Landmanns akademischer Laufbahn nichts darauf hin, dass sie einmal zur Spezialistin jüdischen Humors werden und eine Vielzahl von Werken – darunter etliche Kochbücher – vorlegen sollte, die sich mit Themen der jüdischen Kultur befassten. 1911 im galizischen Żółkiew geboren, ergriff sie das Studium der Philosophie, hörte bei renommierten Lehrern wie Nicolai Hartmann und Herman Schmalenbach und promovierte 1939 mit einer Arbeit über Phänomenologie und Ontologie. Bald jedoch wandte sie sich von der Philosophie ab und gab sich ihrer Neigung hin, jüdische

Witze zusammenzutragen und soziologisch einzuordnen. Hinter dem unermüdlichen Einsatz, den die 2002 in ihrer Schweizer Wahlheimat St. Gallen verstorbene Schriftstellerin an den Tag legte, steckte der Impuls, vor allem Nicht-Juden den Reichtum einer untergegangenen Kultur zu verdeutlichen und, ohne die oft so fatal verlaufende Geschichte des jüdischen Volkes zu verharmlosen, deren urkomische Seiten zu zeigen.

Die vorliegende Sammlung *Am Sabbat geht Moische zum Rebbe* bietet eine pointierte Auswahl aus Salcia Landmanns Longseller, eine nach Themengebieten gegliederte Best-of-Zusammenstellung. Im Verbund mit Peter Gaymanns originellen Illustrationen ist es so vielleicht möglich, die subtilen Absurditäten jüdischer Witze einem neuen Publikum nahezubringen. Wert wurde dabei darauf gelegt, leicht zugängliche Witze zu präsentieren, die keiner historischen oder philologischen Erläuterungen bedürfen. Salcia Landmann selbst hat erhebliche Forschungsarbeit darin investiert, das Wesen des Witzes und die Besonderheit seiner jüdischen Ausprägungen zu ergründen und beispielsweise auf Traditionen – etwa die Talmudbildung der Ostjuden – hinzuweisen, ohne die die Eigentümlichkeiten vieler jüdischer Witze nicht zu erklären sind.

Natürlich beanspruchen jüdische Witze kein Monopol auf bestimmte Motive und Stoffe. Sich in zugespitzter Form über unbelehrbare Geizhälse, einfältige Lehrer, fintenreiche Geistliche, dumme Ärzte, uneinsichtige

Ehefrauen und eingebildete Kranke lustig zu machen oder den Widersinn des menschlichen Alltags einzufangen, zählt zum Standardrepertoire jeder Witzesammlung, und manchmal genügt es, Namen oder das Dekorum zu ändern, um einem Witz eine scheinbar eindeutige regionale Färbung zu geben. Wo immer Witze erzählt werden, geht es darum, vermeintlich gesicherte Denkmodelle und unumstößliche Handlungsweisen in Frage zu stellen und die Zuhörer mit Überraschendem, Unsinnigem und Paradoxem zu verblüffen. Der Witz übt somit eine reinigende, befreiende Funktion aus, kratzt, geschützt durch die Reaktion gemeinschaftlichen Gelächters, am Lack gesellschaftlicher Konventionen und ist nicht zuletzt in diktatorischen Systemen eine Möglichkeit, sich Luft zu machen und Ohnmachtsgefühle im Spott über Obrigkeiten zu kompensieren. Wenn – um eine vielzitierte Einsicht Sigmund Freuds anzuführen – der Witz die »letzte Waffe der Wehrlosen« ist, nimmt es nicht wunder, warum sich die so oft verfolgten, ins Exil gezwungenen und vom Tod bedrohten Juden auf so vielfältige Weise in den Witz retteten und dessen Fundus derart vergrößerten.

Die von Salcia Landmann gesammelten Witze beackern – um zumindest einige Merkmale spezifisch jüdischen Humors aufzuzeigen – manche Themenfelder besonders ergiebig. Da treffen wir recht oft auf Hypochonder, die zwischen realer und imaginierter Gefährdung nicht zu unterscheiden wissen. Da hören und lesen wir lachend, wie religiöse Vorschriften scharfsinnig umgangen und Regeln ad absurdum geführt werden. Da finden sich Witze, die die oft von Juden ausgeübten Berufe in den Mittelpunkt rücken und die daraus resultierenden Deformationen aufspießen. Da begegnen wir Typen wie Kohn, Moritz(l) oder dem Schnorrer, der keineswegs immer mit Mitleid rechnen darf, und mitunter sogar Gestalten wie der neureichen Frau Pollak von Parnegg, die der Realität entnommen sind. Und selbstverständlich ergreift der jüdische Witz die Chance, die Verflechtungen zwischen der erotischen und der ökonomischen Welt in all ihren Absurditäten aufzuzeigen. Wenn ein Jude unbeschwert davon ausgeht, seine Hochzeitsreise allein anzutreten, da sich seine Frau ums Geschäft zu kümmern habe, so belegt dies, dass auch in Eheangelegenheiten die Liebe keineswegs immer das letzte Wort hat.

Eine – auch in dieser kleinen Auswahl erkennbare – Eigenart des jüdischen Witzes liegt darin, genüsslich die Gesetze der Logik außer Kraft zu setzen, sich an sprachlichen Spitzfindigkeiten zu erfreuen und die Weltordnung im Ganzen mit einer gewissen Skepsis zu betrachten. Dieser leise Zweifel macht vor der eigenen Identität nicht Halt, und so zeigen sich Witze erzählende Juden nicht nur die Bereitschaft, den anderen permanent zu übertrumpfen, sondern auch die unwiderstehliche Neigung, sich selbst mit galliger Selbstkritik zu begegnen. Sogar der Antisemitismus, den die Juden in ihrer Ge-

schichte oft genug zu spüren bekamen, eignet sich zum Gegenstand von Witzen – so etwa wenn ein Jude mit einem Fahrkartenautomaten nicht zurechtkommt und dessen Funktionsschwäche als klares Zeichen von Antisemitismus deutet. Befreiung und Beklemmung mischen sich beim Leser in solchen Momenten, und vor allem jene bitteren Witze, die während der Nazi-Herrschaft kursierten, zeigen noch einmal, was diese zu leisten hatten. Jener Jeiteles, der dazu verurteilt wird, mit einem Schild »Juden hinaus, Arier an ihre Stelle« durch die Straßen zu laufen, und dann mit dem Vorwurf konfrontiert wird, die Auflage nicht erfüllt zu haben, antwortet unwiderstehlich: »›Ich habe es aber doch getan!‹, beteuerte der Jude. ›Wo bist du denn herumgelaufen?‹ ›Auf dem jüdischen Friedhof‹.« Historische Schärfe und Sprachschulung kommen in dieser Szene zusammen.
Vom derben Scherz über Wortspiele bis zum subtilen politischen Hilfeschrei reicht das Spektrum jüdischer Witze. Allein deshalb wäre es schön, wenn die in jede Jackentasche passende Sammlung *Am Sabbat geht Moische zum Rebbe* viele Leser fände, die Salcia Landmanns Arbeit bislang nicht kannten.

Rainer Moritz

VERLAGSGRUPPE PATMOS

PATMOS
ESCHBACH
GRÜNEWALD
THORBECKE
SCHWABEN

Die Verlagsgruppe
mit Sinn für das Leben

MIX
Papier aus verantwortungsvollen Quellen
FSC® C006701

Für die Schwabenverlag AG ist Nachhaltigkeit ein wichtiger Maßstab ihres Handelns. Wir achten daher auf den Einsatz umweltschonender Ressourcen und Materialien. Dieses Buch wurde auf FSC®-zertifiziertem Papier gedruckt. FSC (Forest Stewardship Council®) ist eine nicht staatliche, gemeinnützige Organisation, die sich für eine ökologische und sozial verantwortliche Nutzung der Wälder unserer Erde einsetzt.

www.patmos.de

Umschlaggestaltung: Finken & Bumiller, Stuttgart
Umschlagillustration: Peter Gaymann, Köln
Druck: CPI – Ebner & Spiegel, Ulm
Hergestellt in Deutschland
ISBN 978-3-8436-0230-3

Lust auf mehr?

Salcia Landmann
Der jüdische Witz
Mit einem Vorwort von
Valentin Landmann

16. Auflage 2011
Format 11,5 x 19 cm
880 Seiten
Hardcover mit Schutzumschlag
ISBN 978-3-8436-0190-0

Die Welt mit gesunder Distanz betrachten, die Realität durch überlegenen Wortwitz entschärfen, Verzweiflung in Hoffnung verwandeln – das ist der besondere Charakter des jüdischen Humors. Die von Salcia Landmann zusammengetragenen Witze stammen größtenteils aus Osteuropa, aus Ländern, deren jüdische Bevölkerung die Nationalsozialisten fast gänzlich vernichtet haben. So wird sich bei der Lektüre neben vergnüglicher Unterhaltung auch Wehmut und Trauer einstellen. Diese Sammlung ist mehr als ein Kompendium von amüsanten Texten; sie ist das Vermächtnis einer untergegangenen Kultur und Lebensart.

PATMOS www.patmos.de